沓石卓太
Kutsuishi Takuta

民主主義を成功させよう

「当たり前」が理の始まり

郁朋社

民主主義を成功させよう―「当たり前」が理の始まり―／目次

第三部

第一部

１　世界の秩序

今は民主主義の時代です。政治が皆のものとなっているのですから、これほど喜ばしいことはないのです。しかしこれは第二次大戦で敗戦国となり、どちらかといえば義務のような形で実現したのですから、民主主義に対する日本人の心構えが十分とはいえないのです。

１９４５年、第二次大戦が終わり敗戦国となった日本は軍国主義からいきなり、民主主義の時代に突入しました。

アメリカはなにも自分の都合のよいように日本人を洗脳しようとしたわけではありません。自ら信じることを日本にも広めようとしただけです。

戸惑ったことは間違いありませんが、日本人は民主主義に抵抗はなかったのです。民主主義を受け入れる用意はあったといえるでしょう。

明治維新で日本は立憲君主制となりました。その前の江戸時代は武士が刀を差して威張っていたのです。明治の目的は日本の近代化です。新しい体制として日本人が選んだ道は最善だったのでしょう。

民主主義も目標の中に入っていたかもしれません。しかし、列強による植民地獲得競争が露骨になり、それに引きずられるように日本の政治も軍国主義の方向へ傾斜を深めていったのです。

明治維新の成功と天皇制は切り離せない関係です。天皇制をうまく活用することができたのです。しかし、その後の軍国主義への道は天皇制の悪用だったのでしょうか。

明治維新以後の日本に立派な憲法はできたのですが、政治と一般市民の間には少し距離がありました。

そんなわけで、第二次大戦後の民主主義はいきなり、という感じもしますが、もともとは向かうべき方向であったと受け止めることができたのです。

民主主義に対して重荷という意識は全くなく、前向きの姿勢で受け入れることができたのです。

私がいいたいのは苦労して手にしたものと、そうでないもの、そのありがたさの違いです。私たちはもっと真剣に民主主義に取り組まなければならないのです。

思いがけない結果とはいえ、民主主義の制度が整備されたことは貴重です。

民主主義の政治を動かすのは国民の価値観です。基本的な価値観が安定していることが最も大切な条件です。国民の合意というものが成立しないとなにもできないのです。現状をどう判断するか、それに対してどんな対策があるか。この二つに国民の合意を見つけ出すシステムが民主主義です。

自由に議論すれば当然、合理的な答えにたどり着くはずです。そのために言論の自由が保証されているのです。

議論のための準備に制度的な不足はないのです。しかし、議論の機能が十分生かされているでしょうか。これは日本だけのことでなく、程度の差はあっても世界共通の悩みといえるでしょう。

第二次世界大戦が終わったのは１９４５年ですから、短いとはいえない期間、国民は民主主義の政治を経験したことになります。

この間に日本は大変な飛躍を遂げました。なんといっても経済の発展は予想外の成功です。戦後の復興を目指しているつもりがいつの間にか、日本の経済の規模は世界で二位というところまで拡大していたのです。

これに驚いたのは日本人だけではありません。世界から注目を浴びたのも当然です。

敗戦後の生活は「耐え難きを耐え、忍び難きを忍び」という、天皇陛下の悲痛な言葉から始まりました。戦争に負けた国が受けるはずの惨めな境遇を覚悟するよりなかったのです。しかし結果は予想外でした。

戦争中の重圧感から解放され、食糧や生活必需品の不足も次第に解消しその上、かつてない自由と繁栄まで獲得してしまったのです。

出発点になった敗戦直後の首相、吉田茂が率いる自由党の働きは称えられるべきでしょう。しかしそれも、国民の支持がなければ何もできなかったのです。

戦後の世界は西側の陣営でも社会主義の政党が優勢でした。そうした流れにもかかわらず日本では自由党が政権を握りました。これで、アメリカの政府は日本人をすっかり信頼し援助を惜しまなかったのです。

その後、日本の経済が飛躍的に成長したことは世界の流れに大きな影響を与えました。日本の成功が世界中の国のアメリカに対する評価につながりました。日本占領政策の成功はアメリカの人気に大きなプラスになったのです。

貿易の自由化を推し進めるアメリカの経済政策は成功しました。今のアメリカの躓きは、あまりうまく行き過ぎたことが原因のひとつかもしれません。

いつの間にかアメリカの経済は世界貿易の拡大によって支えられる形になっていたのです。ドルを必要とする国が増え続けることを前提とした経済になっていたのです。そこへサブプライム問題です。

ドルの基軸通貨としての価値に疑問が生じ、アメリカばかりか、世界の経済に影響が及ぶ情勢になってしまったのです。

通貨価値の安定は世界経済の要です。今、世界の経済はつながっています。その中で、基軸通貨の役割を果たしてきたドルの信用が揺らいだのですから、経済全体への影響は避けられません。

経済に限らず、今の世界はあらゆることで国どうしの利害関係が密接に絡んでいます。問題が起きればそれをなるべく早く解決しなければなりません。

話し合いは十分行われなければなりませんが、その足がかりになるのは共通の価値観です。

価値観といえば哲学です。ところが、その哲学が疑問です。意外にも、哲学こそが時代を混乱させる主役になっているのです。

2　哲学の乱れ

個人の認識は当てにならない先入観や勘違いが多く頼りになるとは限りません。それに比べ学問は社会的に認知された知識です。頼りになります。学問に国境はありません。学問に対する信頼は世界中に浸透しているのです。議論に期待が持てるのも学問による知識のおかげです。

当事者以外の人も内容を知ることができる状態で行うのが、いわゆる一般論としての議論です。そこが、議論と談合の違いです。

議論は社会との対話でもあるのです。皆に聞いて貰う、というのが議論の趣旨です。民主主義に議論は欠かせません。

議論が社会常識の影響を受けるのは仕方のないことです。しかし、議論が社会常識に影響を与える可能性もあるのです。議論と社会常識はお互いに影響を受けます。

整理された正しい知識によって支えられる社会こそ安心できます。学問は人間にとって頼りになります。しかし、心配なことがあります。普遍がテーマの哲学の考え方は人間の未来に肯定的とはいえないのです。社会が期待している方向とは全く逆です。虚無のほうにポッカリ、口を開けているのです。

グローバルな時代の支えは普遍的な価値観です。その期待に応えるのが哲学の役割のように思うのです。ところが哲学から出てくる考え方は尋常なものではありません。社会にプラスになるとは思えないのです。価値観を狂わせ、合意の成立を妨げる原因になっているのです。

真理を探究するという至高の目的に向かっているはずの哲学がこれでは、未来に希望はありません。情報を伝えるメディアがいくら進歩しても、考え方がそれに相応しいものでなければメディアも生きてきません。

人間の社会は学問のおかげで今の姿に成長できたといえます。その学問の代表のような哲学から飛び出してくるのは、いってみればお化けのような代物です。

哲学は学問の中でも特別重要な位置にありながら反社会的な側にいい分や立場を与えています。結果から見れば社会に大きな損害を与えているのです。

政治が英雄の手に委ねられていた過去とは違います。民衆の価値観が決定権を握っている民主主義の時代です。

学問への信頼は揺らぎのないものです。それこそが民主主義を可能とする根拠です。ところがなぜか、哲学だけはそっぽを向いているのです。不安の湧き出る泉のような存在です。

哲学は社会や人生の意味を考える基本的に重要な学問です。ようするに根本のことを考えるのが仕事です。その哲学が出した答えが「虚無」です。

その辺の酔っ払いがわめき散らしているのではありません。学問の中でも権威を誇る哲学のご宣託です。

あまり意外であると、かえってほんとうらしくなってしまうのか、その内容の正しさが議論の対象になることはあまりないのです。多くの人は哲学に間違いはないと頭から決めてしまっているようです。

言論の自由が保証されていても基本的な考え方に間違いがあれば困ったことになります。間違った考え方を多くの人が信じればその弊害は計り知ることのできないものです。

これからの未来を開くためには議論が大切です。議論の土台は「常識」です。その常識を揺るがしているのが哲学です。

議論がいよいよ正念場という時代に肝心の哲学が反対を向いていたのでは話にならないのです。

社会から影響を受けなくてすむ人はいません。とにかく、逆転している哲学を元に戻すことを急がなければなりません。

「有限と無限はつながらない」

これがヒントです。この言葉で虚無の幻を落とすことができるのです。

3　常識と議論

社会にとって秩序は必要ですが同時に、個人の気持ちに答えることのできる社会であることも大切です。そのためにも議論ができるということが必要なのです。個人の自由と社会の規律。この二つが両立してこそ社会は安定するのです。両方とも人間にとって必須の目標です。

話し合うことは相手を認めている行為です。お互いが相手や社会を信じていなければできない行為です。

議論で最も基本的なものは学問以前の常識です。学問としての知識も必要ですが、それだけで議論はできないのです。「常識」が整理されていてこそ、かみ合う議論ができます。「常識」は社会の基礎です。にもかかわらず哲学的な考え方をすると、答えは「常識」の反対になってしまうのです。

「常識」は社会で成立している約束のようなもので、いちいち約束しなくても約束したことになっているのです。それがあるから社会です。「常識」の範囲で社会は社会として機能しているのです。

「常識」が存在するから議論もできるし、それは常識を確かめる行為でもあるわけです。

社会は変化しています。条件は日々変化しているのですから議論の必要はなくなりません。

議論は社会からの制約も受けますが、社会に刺激を与えるのも議論です。

相談や談合でも議論はすると思います。意見を論じ合えば議論ですが、この本でいう議論は、いわゆる「一般論」です。

4　共産主義の破綻と資本主義

第二次大戦後、世界は二つの勢力に分かれました。自由陣営と共産陣営です。自由陣営の中心はアメリカ、共産陣営はソ連です。両者の対立は「冷たい戦争」といわれ、その境界線は「鉄のカーテン」と表現されていました。それを境に全く別の価値観が支配するという事態が続いていたのです。

共産主義思想は哲学的な思索が背景となっていると信じられていて、革命は全世界に広がりそうなところまでいったのです。

共産主義思想の影響は大きく、一時、唯物論が一世を風靡した感がありました。今でも唯物論を間違いであると思っている人は少ないかもしれません。

１９９１年、共産主義の中心的な存在であったソ連は突然、共産主義の旗を降ろしました。そのために共産主義への幻想はいっぺんに吹き飛んでしまったのです。

共産主義は経済的に行き詰るだけでなく、結果的には独裁政治になることも明らかになったのです。

共産主義は何に負けたのでもなく自らの欠陥で行き詰ったのです。共産主義が描いた理想は幻想だったのです

ソ連が共産主義の旗を降ろして共産主義の勢いは、すぼんだ形です。ところがその思想的な影響は収まってはいないのです。

共産主義が力を失ったことを資本主義の勝利と受け取るのはとんでもない間違いです。経済の自由を大切にすることは必要です。しかしそれも程度の問題で経済は円滑に運ぶことが大切です。

資本主義を肯定すれば自由経済をうまくコントロールすることが難しくなってしまうのです。何事も限度がなければなりません。自由経済でもコントロールは必要です。

どのように、どれくらい、という議論は必要です。これがうまくいかないと自由経済を守ることはできないのです。

共産主義の敗北を資本主義の勝利とすることは結果的に、自由経済をピンチに追いこむことになるかもしれないのです。

資本主義という言葉を広めたのは共産主義です。経済を資本主義対共産主義という構図で考えることは共産主義の影響を受けているのです。いかに共産主義的考え方が社会に浸透しているか、それは想像以上です。共産主義でない人でも共産主義の影響は受けているのです。

日本は保守政党が万年与党ですが政策としては共産主義からの影響が全くないといえません。公務員が必要以上に優遇される結果になっているのも、それが原因です。今、共産主義は世界的に支持を失っていますが考え方には大きな影響を与えています。共産主義でない国でも共産主義の影響を受けているのです。

人間の社会は理論で割り切れるものではありません。人間や社会のあり方に正解があるということになれば正解以外は間違いです。人間のすることはみんな間違いだ、ということにもなりかねません。

「冷たい戦争」の片一方の旗頭であったソ連は共産主義を放棄しました。正に決断です。

同時に実行力のあることも示したのです。

共産党が力を失うことは社会にとって利益です。ところが問題が解決されたわけではないのです。正しいと確信していた革命がなぜ挫折したのか、肝心のところをはっきりさせないと問題は解決しないのです。

共産主義からの影響を払拭するには共産主義のどこが間違っているのか、それを社会が認識できることが必要です。

共産主義の間違いは私有を否定していることです。最も基本的な点で間違っているのです。これでは原始時代に戻ってしまいます。

公と私の区別をはっきり認識できることが社会と個人を両立させる原則です。その原則の上に秩序が成立しなければなりません。

人間の集団が社会といえるまでに発展した理由のひとつは、所有の概念を私有と公有の二つに分けて認識できるようになったことです。ここに政治の意味も生まれたのです。

政府の仕事は公共を管理するだけでなく、個人の財産を守ることも仕事です。

私有と公有は同時に生まれた概念です。所有という認識を公有と私有に区別できるようになって社会の意味は大きく変わったのです。発展が可能となったのです。

世界を、資本主義対共産主義という構図で考えていた人には、共産主義の敗北は資本主義の勝利と映るでしょう。そしてそれが格差を生んだ原因であると解釈する人もいるかもしれないのです。

共産主義の先頭を走っていたソ連は旗を降ろしました。その影響は小さいとはいえません。しかし共産主義の理論はまだ生きているのです。共産主義の間違いを、はっきり社会が認識できなければ解決したとはいえません。

中国は人口世界一の大国です。政治は共産主義、経済は自由主義という矛盾した体制です。経済力の向上には著しいものがあります。いったい今後、中国の政治はどうなるのでしょう。それは世界の将来を占う大きなポイントでもあるのです。

中国にとって警戒しなければならないのが秩序の混乱です。今後の政治の展開に中国はどんな用意があるのか、今のところ不明です。

サブプライム問題による経済のダメージは中国にも及ぶこと必死と思われたのですが中国は意外と元気です。

それにしても、世界的に見れば経済に急ブレーキがかかり、製品を減産しなければならない企業は増えています。


経済には自由性と計画性のどちらも必要です。二者択一ではないのです。自由競争は経済に刺激を与えます。しかし、どんな自由にも適当なコントロールは必要です。

資本主義という言葉は共産主義から出た言葉です。資本主義対共産主義という対立構造をつくり出した思想が経済のコントロールを難しくしています。共産主義が駄目なら資本主義ということになってしまうからです。

自由経済の行き過ぎに対しては賢明な調整は必要です。自由経済の行き過ぎに歯止めがあまり利かないのも、力ずくの政治闘争を続けてきた共産主義に対する反動かもしれません。

共産主義はいかなる議論も受け付けません。絶対に正しいという立場に立っているのです。共産主義の政治では、そういう立場を支配者が独占するところまでいくのです。

個人が権力を独占するにしても昔の王様のほうが自然です。理念と権力がひとつになると恐ろしいことになってしまいます。権力を独占する立場に立てば自分以外はみんな物に見えてくるのでしょうか。

共産主義の間違いを社会が認識できれば議論が軌道に乗ることも期待できるのです。

5　共産主義と哲学

共産党の人気は落ちていますが社会が受けた影響は深刻です。

共産主義の考え方は唯物史観ともいわれています。唯物論という哲学的思考をバックにしていることで学問のひとつのように考えられているのです。

唯物史観は物が実在であるという考え方です。当たり前のようにも思えますがほんとうに正しいのでしょうか。

私たちが認識しているのは物と自分の関係です。立場があって物に意味が生まれるのです。同じものでも立場によって意味が違ってきます。

意識はひとつの立場です。立場があって物に意味が生まれるのですから、物の意味は意識と対象物で合成されたものではないでしょうか。

では、物には客観的な姿はないのか、ということになるでしょう。そのとおりで、物には客観的な意味はないのです。あっても、その意味は分からないのです。私たちには宇宙の意味は分かりません。

人間の意識の広がりはこれからも期待できますが、宇宙の神秘は、やはり神秘です。

物か観念かという設問が必要になるのは「存在」の客観的な意味を知りたいという欲求から出てくるものだと思います。中でも一番知りたいのは人間の存在の意味です。

確かに、だれでも知りたいのです。ところが、それはだれにも理解できることではないのです。

人間は自分の感覚を遥かに超えるセンサーを持っています。しかし、そのセンサーにすら反応しないものは認識することは不可能です。精密なセンサーでも感知できないものはあるでしょう。どれぐらいあるか、それは分かりません。いずれにしても人間の認識能力は限られているのです。

どんな精密な機器を使ったにしても、それも人間の立場から見た形です。物のほんとうの意味や姿は分からないのです。

唯物論だけでなく哲学が入り込んでいる世界は理論の成立する条件に欠けているので

す。究極や真理に合理的な答えは出せないのです。それは理の届かない世界です。どんな答えが出てくるにしても空想と同じです。その上、哲学から出てくる答えは無意味というより、とてつもなく有害です。

哲学がどんな研究をするにしても、人間性や合理性から外れては意味がないのです。学問という姿勢を失うと哲学といえなくなります。

哲学には社会の道標としての役目を果たしてもらいたいのです。それが学問のリーダーとしての責任です。

熱い願望こそ哲学の原点です。希望を失っては哲学の意味がありません。

6　常識と善悪

理にも二とおりあります。物理でいう「理」と社会の「理」です。社会の「理」には善悪が絡んできます。物質的な理の進歩の著しい反面、社会的な理のほうは低迷しています。

物質の場合、実験の結果と合わなければ間違いに気付くことができます。問題は人間の行為の善悪に関係する理です。

善悪の判断の基礎になるのが、いわゆる「常識」です。

人間の群れが社会といえるまでに進化できたのは「理」が働いたからです。その具体的なものが「常識」です。「常識」は時間と経験を経て自然に出来上がったのです。「あたりまえ」という感覚がひとつの形に落ち着いたのです。常識というものが成立したから社会という機能が働き出したのです。

「理」に対して「当たり前」と反応できる能力は人間だけが持つ能力です。その能力が生み出したものが「常識」です。

社会は人間の能力が醸し出した世界です。「当たり前」という感覚が、共通の考え方や習慣を生み、それがいわゆる社会ということになるのです。

この能力があるから血のつながりや地域的な枠を越えても協力できるのです。政治も可能となります。

約束事は守られるという実績の積み重ねの上に社会は成立しているのです。「常識」は約束と同じです。約束があって社会といえるのです。そして、約束が成立すれば善悪が生じます。

約束は守りたい。秩序は壊したくない。このように考える人が多いから社会は成り立っているのです。だれも、自分は約束した覚えはないのですが、そういう積み重ねが現代の生活につながっているのです。

社会が存在しなければ善悪も意味のないことになるのです。「当たり前」の世界を議論で広げることができるのが人間社会の特徴です。

常識が成立していないと法律もつくれませんし、もしつくったとしても役に立たないのです。

法律は常識の一部を明文化したものです。常識があって法律もつくれるのです。

私たちは習慣や常識の中で日常生活を営んでいます。習慣や「常識」は意識してつくれるものではありません。しかし、世界共通の価値観ということになると、それは意識してつくり出すよりないのです。

今、グローバル時代を支える世界共通の価値観が必要です。それがあって世界はひとつの社会としての機能を持つことができるのです。

科学の発達は予想を超えるスピードです。「当たり前」という感覚は、あまり役に立たなくなっています。しかし、いかに科学が発達しても生の感覚が出発点です。

社会にとっては善悪に対する判断と行動は重要な仕事です。ところが学問にはこの問題に対して、はっきりした研究の姿勢がないのです。

善悪の判断は「常識」の分野です。ということは、社会の基本は「常識」にあるということになります。

第二部

1　「論理逆転の現象」

哲学のように純粋に理を追う形になると、どうしても避け難いのが「無限」という概念です。現実の生活では遭遇することのない難問に出会うことになるのです。

この問題が絡んでくると解けるものも解けなくなってしまいます。考えれば考えるほどわけが分からなくなるのです。

無限とかキリがないという言葉は普段でも使います。言葉自身はありふれた言葉のように思えるのです。ところが理の世界では手に負えない怪物に変化してしまいます。

普段は相対的な意味で使います。数や量が、ある限度を超えている場合です。ところが理の世界では無限という言葉はそのまま、絶対的な意味で使われてしまうのです。

現実での使われ方と理の世界での使い方に、同じ言葉でも言葉の意味が違ってしまうのです。これが、理屈と現実のずれの大きな原因です。

理詰めで行くと非現実的な答えが出てくる仕掛けになっているのです。

合理的な方向へ道を開くのが学問です。だからこそ難解でも哲学に関心を向ける人も沢山いるのです。学問に対する信頼は厚いので哲学が間違っているとはだれも考えません。哲学は危険な学問であるという認識もあるかもしれませんが、それは学ぶ側の問題ということになるのでしょう。

哲学の研究対象は「人生の意味」です。具体的なようで掴まえ所がないのです。しかし、人生の意味を根源から考えるには宇宙や時間のことは外せません。

現実の生活では無限を意識する必要はありません。しかし、宇宙や時間のことを考えると、いやでも無限と顔を合わすことになるのです。

普段、無限という言葉は「相対的」な意味で使われています。ところが理論では、その言葉の持つ本来の意味である「絶対的」な意味で使われることになります。早くいえばそれが理論的ということになるのです。

宇宙や時間に限りがない以上、無限は立派に存在することになります。理屈の中でも現実でも、無限を存在として認めることは間違っているようには思えないのです。ところが、無限の広さがあるということを認めれば、全ての有限の広さの意味がなくなってしまいます。

広さというものは、広さに限りがあっていえるのです。無限の広さを基準にすると広さの意味がなくなります。無限の広さを否定すれば広さの意味が復活します。

結局、「宇宙は無限大か」ということになるのです。

ある（存在する）ということは限りもあるということです。宇宙の広さや時間の永さにも限りはあるのです。ただ、どういう限りか、その形が理解できないのです。

「宇宙は無限か」という質問には「宇宙は無限でない」という答えが正しいのです。

無限大を存在として扱うと理は矛盾を起こすのです。有限という条件を外せば理は成立しないのです。

この現象を私は「論理逆転の現象」と名づけました。前提が壊れて意味がなくなる現象です。

哲学では「論理逆転の現象」を哲学的現象と考えてしまうのです。無意味になったと考えず真実を発見したと錯覚するのです。その結果、出てきた答えが「虚無」です。

2　虚無は悪の源

社会には秩序が必要です。法律も権力もそのためにあります。権力をめぐって人間は戦を繰り返してきました。そして、結果的に社会は大きくなってきたのです。

秩序のために戦争するのは矛盾しているようですが、社会には大きくなろうとする力が働いているのかもしれません。

今まではそれでよかったとしても、ついに、戦争という手段は使えない段階にまできてしまったのです。戦争すれば社会そのものが壊れてしまいそうです。

今ほど合意の必要なときはありません。世界は大変な危機の状態にあるのです。戦争して何か利益があるでしょうか。にもかかわらず軍拡競争は続いています。理由はただひとつ、話し合いに確かな期待が持てないからです。

防衛のための軍備でも他の国からみれば脅威です。それに、膨れ上がった軍備はどんなはずみで暴発するか分かりません。

こんな危険な状態は解消できないのでしょうか。

話し合いの基礎は信頼です。その他にも条件はいくらでもあると思いますが、何といっても信頼がなければ、どんな話し合いもうまくいかないでしょう。

信頼の最も強敵が虚無です。あらゆる悪の源泉は虚無かもしれません。

3　真実とは

人間性とは何か。これは難しい問題です。感覚や感情に「理」が絡むところが人間の人間たるところです。

何事でも根本は大事です。哲学が「真実とは何か」という問いから出発したのはそれが理由でしょう。しかし、真実を発見できなかったので「虚無」という答えになってしまったのです。

真実の実体を掴みきることはできません。その理由は、それを決めるのは感覚だからです。感覚以外に真実があると思うのは錯覚です。

感覚が出発点ですが、それぞれ個人の感覚は同じとはいえません。しかし、それを埋める働きをするのが理解力です。

理解力があるから「当たり前」という共通の価値が生まれ、社会が成立したのです。

「当たり前」という共通の価値。これが「常識」です。

人の感覚は同じとはいえません。ひとつの事実に対しても同じ受け取り方とは限らないのです。議論を始めるには前提が必要です。「何を事実と考えるか」に合意が必要です。事実というものは創られるもので、それを可能にしているのが人間にある「当たり前」と感じることのできる能力です。

感覚は人によって違います。同じ人でもときと場合で違ったりします。そのときその人がどのように感じたか、正確にはその人でも分からないかもしれないのです。ということは、真実は掴みきれるものでないのです。

真実はつくるものです。それを可能とするのが「当たり前」を感じることのできる能力です。

この能力があるから理が成立するのです。

人間は理に従って行動していれば間違はないはずです。それが社会と歩調を合わすことになります。社会が大きくなればなおさらです。

理が人間の頼りです。そんな頼りにしている「理」が道を間違ってしまったのです。

理があるから社会は成り立っているのです。「親はなくとも子は育つ」という諺がありますす。しかし、社会がなければ子供でなくても生きていけないのです。その社会がピンチです。

「理」を狂わせるのは「無限大」という観念です。「無限大」にぶつかると理は逆転するのです。

理に対する社会的認識に間違いがあれば社会そのものが力を失います。

こんなことになる理由のひとつは「当たり前」という感覚が鈍っていることも原因です。

いかに科学が発達しても「当たり前」という感覚は大切です。

4 常識と議論

常識はなんでもないことのようですが簡単に成立するものではないのです。自分は「当たり前」と思うことでも、だれにとってもそれが「当たり前」であるとは限りません。だれもが「当たり前」と思えることで、しかもその自覚が社会的認識ということになれば、それが「常識」です。その常識の及ぶ範囲がひとつの社会というわけです。それぞれの国で成立している習慣や考え方には独特なところがあります。気候や風土、民族性などが影響するからです。ある国で「当たり前」のことが、他の国では「当たり前」でない場合もあるのです。

「常識」の元は感覚です。感覚が共通の考え方や習慣を生み出したのです。その考え方や習慣が「理」の源です。

「常識」ができて社会が成立し、社会があるから学問も発達できたのです。

「常識」と学問の共通点は「理」です。受け持つ分野は違っても目的は同じです。社会を支えることです。

「常識」と学問がつながることで、普遍的な価値観が安定するのです。

いちいち断らなくてもお互いに分かり合えていることは結構あります。しかし、片一方はそのつもりでも相手もそうとはかぎりません。了解ごとが両者だけのことであれば、そのことについては両者で確かめるより外はありません。

「常識」とは、社会に前提として存在している約束事です。常識が通用する範囲がひとつの社会といえるのです。

重要なことは明文化され法律となっているのですが、法律では決められない約束事は沢山あります。文章ではっきり示されていないのでどこまで機能するか分かりませんが、普段の生活はその約束事で間にあっているのです。そんな了解ごとを「常識」といっているのです。

「常識」と考えられていることでも意外と複雑で、簡単に決められない面もあるようです。法律や裁判にまでいかなくても議論になることはあると思います。議論が中途半端で終わると不満が残ります。当事者や周りの人が納得できる結果で解決することが望ましいのです。

議論はひとつ一つ積み上げるものです。「当たり前」を積み上げていくのです。「当たり前」を馬鹿にする風潮がありますが、とんでもないことです。「当たり前」のことから積み上げなければならないのです。

「当たり前」の中身は合理性だけではないと思います。「人間性」に合わなければなりません。「当たり前」の中身は合理性と人間性です。

「当たり前」の感覚は議論することで鍛えられていくのです。「当たり前」の世界を広くすることが人間の世界を広くすることになるのです。

5　人間性の確立

科学技術の発達で暮らし方も変化しています。なにもかも昔とは様変わりです。便利になったというのが実感です。ところが現代の社会は不安も山積です。その中でも、のっぴきならない不安が哲学です。

哲学のために常識の権威が危なくなっているのです。常識が怪しくなると社会の基盤がゆらぎます。常識があって善悪も生じるのです。

善悪は社会にとって一番大切なものです。善悪なしで社会が成り立つ道理はありません。約束があるから善悪が生じるのですが、約束があやふやになれば善悪もあやふやになってしまいます。社会への信頼は人間性に対する確信にもつながるのです。

社会が頼りにしているのは学問です。ところが学問は善悪に対して実績があるといえないのです。善悪を判断するのは「常識」のほうです。

規則として明文化されていない約束事は「常識」に従って解決されるのです。社会の秩序と快適性を両立させるのが常識の役割です。学問も大切ですが、「常識」は社会にとって最も基本的なものです。

人間は学問という手段を手にして合理的知識を積み上げてきました。しかし、その合理的という言葉は目的があっていえるのです。

人生の目的に意味がないというのが哲学です。先導役の哲学が目標を失ったのです。

人間性に確信がないと科学技術を有効に生かすことができません。価値の原点、それは人間性に対する自信です。

合意が成立しなければ何もできないのが民主主義です。基本的な考え方が一致していないと話し合っても合意できません。

いくら民主主義で言論の自由が保証されていても「当たり前」のことが「当たり前」で通らなかったら議論にならないのです。

世の中を悪くしようと思って哲学を研究している人はいないでしょう。人生を深く考えようとする姿勢が悪いわけはありません。

社会を信じることができればそれが人間にとって一番安心できることです。哲学に期待されている「普遍的価値」には切実なものがあるのです。

その哲学が、「当たり前」でないことを撒き散らしているのです。社会を汚しているのです。

アメリカ流の哲学である「プラグマティズム（役に立つものに価値がある）」。

中国、鄧小平の「ねずみを捕る猫はよい猫だ」。

右の二つは大国に方向を与えた価値観です。具体的な価値判断の基準を示しているのです。分かりやすくてよいのですが、哲学と正面からぶつかっていません。

哲学がらみの論争に巻き込まれるのを避けているのです。しかし、哲学の誤りを論理的に説明できなければ問題は解決していないのです。

6　重荷からの脱出

よく目にするのが「哲学の不在」という言葉です。哲学は不在というより重荷です。哲学が社会の足を引っ張っているのです。

宇宙全体や永遠の時間など、生というものを根本から考えようとすれば避けて通ることはできません。

哲学に限らず、人生を深く考えようとすると自分たちを包んでいる空間や時間に、限りがないことを考えなければなりません。考え始めると、だれでも分からなくなるのです。未知の分野でも、やがて解明されることはあるでしょう。しかし、分かりえないこともあるのです。

私が「無限大は存在しない」ということに気付いたのは偶然です。

星までの距離は思っていたより遠いことが分かってきました。しかし、いくら離れていても距離は有限です。光が届くから見えるのですから星との間はつながっています。人間にとって理解できないのは宇宙全体の構造です。最終的にどうなっているのか、それが理解できないのです。

知覚できる範囲のことは理解できる可能性はありますが、それが全てでないことも明白です。想像はできても確かめる手段はないのです。どんな望遠鏡ができても見えないものはあるということです。

頭の中の「無限大」であればキリがないという、それだけですむかもしれません。果てのない空間の中に人間は住んでいるのですから、無限大を否定するという発想が出ないのです。

丸い地球も昔は平らな大地と考えられていました。思い込みや先入観にはそれだけの理由がありますが、それと同じです。

人間には限りのない空間ですが宇宙にも限界はあると思います。存在するものには必ず限りがあるのです。ただ、その仕組みを理解することは不可能です。

分かるときが来るという期待は持てません。そのことを自覚しなければならないのです。

神秘というものは認めざるをえないのです。神を否定することはできません。

自然の摂理というものを全て理解することは不可能です。人間に理解できるのは自然の摂理の一部です。


神を、感じることはできても理の中に入れることはできません。神秘に対する姿勢は理詰めで決められるものではないのです。

理解できないものは理の中に入れることはできません。無理に入れると、理が理でなくなるのです。


数学ではゼロと無限大の間が有限なる空間です。存在としての意味は有限の部分にあります。ゼロと無限は空間を提供しているのです。

数学の世界でも無限大を数の仲間にすると数の有利性がなくなります。

有限はどこまで大きくしても有限です。有限と無限大は交わることはないのです。

１本の直線の上に、無限大という点を置く場所はないのです。

限りのない時間や空間が実在すると考えると有限の世界の意味は全て否定されてしまいます。存在するものには必ず「限りがある」と考えるのが正しいのです。

7　自分の世界と社会

地球以外にも生物のいる可能性は大いにあります。証拠はまだ掴めていませんが、いないと考えるほうが不自然です。

地球には沢山の生物が生きています。人間だけに限っても50億人以上です。その中のひとりが自分です。

自分という存在は宇宙の大きさや時間の長さに比べればちっぽけです。ちっぽけには違いないのですが、その自分がいなければ意味の全てはないことになるのです。

自分がいなくなっても他の人がいるのですが、「他の人」という人はいないのです。どの人も自分というひとりの人間です。どんなに大勢で構成された社会でも、その単位は「自分」というひとりです。

ひとり一人に自分という意識があり、意識があるから世界があるのです。人間の数だけ人間の世界があるわけです。

同じ人間でも感覚はひとり一人違います。身近にいても犬や猫とでは随分違います。まして他の動物との差は見当もつきません。

立場というもので物の意味は変わってきます。生きものの数だけ世界があるのではないでしょうか。

感覚は不確かなものです。しかし、感覚を通さないモノの姿は分かりようがないのです。社会的認識が成立していれば、それが人間の認識です。個人の曖昧な認識を社会的認識で補うことができるのです。

感覚といっても、個人の認識に比べれば社会的認識の信用性は比較になりません。「常識」も社会的認識のひとつです。自分の感覚と社会的認識をすり合わせる行為が議論であるともいえます。

生命現象を生み出しているシステムは神秘そのものです。

何を出発点にして考えたらよいのか。あまり考えすぎないことです。

人間には人間のサイズが基本です。それが動かすことのできない前提です。

やはり、生身の人間を基本にするしかないのです。というより、それが正しいのです。

自分という意識の代わりはありません。ここに科学の入る余地はあるでしょうか。

自分というものがいなければ意味の全てはなくなるのです。

だれにとっても一番大切なものは自分です。その自分を支えてくれる社会の仕組みを理解する必要があるのです。

8　議論が可能性を創る

生物の中では人間は弱い生きものかもしれません。人間の強みは社会にあるのです。権力を悪の代名詞のようにいう人もいるのですが、民主主義の政治でも権力は必要です。規則が規則でなくなれば良いも悪いもなくなってしまいます。その権力や規則を合意で決めるのが民主主義です。今は民主主義でないと合法的な政権と認められない時代になっているのです。

学問が普及したことで合理的な政治が可能であると考えられています。確かに学問は必要ですが、常識の必要性を忘れているのではないでしょうか。議論に必要なものが、まず「常識」です。「常識」は考え方でもあるし、感覚でもあるのです。一体感は感覚を共有していることで一層大きくなるのです。

「常識」の通じる範囲がひとつの社会です。社会が常識に権威を与えているのです。「常識」の持つ権威が社会ということかもしれません。

国際的なニュースが増えています。情報の上では世界はひとつの社会でもあるのです。ひとつの社会としての感覚が生まれたとしても何の不思議もないのです。その感覚に権威が伴うようになれば、それは「常識」としての力を発揮できるのです。

しかし、あらゆる権威を無力にするのが「虚無」です。人間の価値が否定されれば、どんな価値も意味を失います。

議論が無力であれば力に頼るしかないのです。「常識」に力がなければ社会を維持する方法は圧制しかありません。圧制で秩序を保っている社会は他の社会と和合することは難しいでしょう。

議論できるということに意味があるのです。お互いの意思を語れることが自由です。しかし現実は国際間だけでなく、国内の政治でも議論が噛み合う状態とはいえません。大学で間違った哲学を教えていれば、議論が噛み合うはずはないのです。

楽しく議論できることは社会が健康である証拠です。人間性の方向は常識がカギを握っているのです。

9　おめでとう

正月にはお互いに「おめでとう」と挨拶を交わします。外国でも同じで、言葉は違っても祝福の挨拶があります。

年の初めを祝うのは何のためでしょう。目出度いからか。でも、目出度いかどうか、だれにも分からないことです。その年にどんな災害が起こるか予測できるものでもないのです。

目出度いから祝うのでなく、目出度い年であってほしいという願望の表れが「おめでとう」という言葉になっているのでしょうね。年の初めを祝うのは人間の知恵が生んだ習慣です。

年の初めを華やかな気分で過ごすのはとても気持ちのよいことです。人生は楽しくなければならないという心構えです。

ものごとの始まりを祝う習慣は人間性のひとつであると考えることができます。生きることを目出度いものにしたいのが人間の願望ではないでしょうか。

人間の目的は人間性の拡大です。常識も学問もそのためにあるのです。しかし、そうではない、虚無こそ人生の本質である、というのが哲学の考え方です。哲学は人間性の先頭を開拓してくれる存在と、だれもが信頼しているのです。ところが開拓どころか、その方向への道を閉ざす存在になっているのです。

開くドアでも開かないと思い込んでいると開けられないことがあります。哲学は開いているドアまで閉めてしまうのです。

10　哲学と仏教

仏教は欲望を否定する宗教です。有史以来、その仏教的価値観の影響を受け続けてきたのが日本人です。

仏教は世間一般の価値観に対し、低いという意味の「俗」という言葉を使っています。そしてそれを、社会も認めているのです。

結果的に、常識というものから権威は奪われたのです。早くいえば息苦しい社会になってしまったのです。

人間の行動の動機は欲望です。欲望を否定されたのでは動機を主張する根拠がなくなるのです。

仏教は権威のひとつです。その権威が常識を否定しているのですから、社会が常識を支持してくれると、期待できなくなったのです。

常識が通らない立場に置かれても助けてもらえる保証がなくなったのです。これは社会の機能が損なわれたことを意味するのです。

これは大変なことですが、それを多少カバーしたのが人情です。生きることは権利でなく、人の情にすがるよりないということになったのでしょうか。

もともとの日本人の常識はクセのない素直な常識であったと思います。その基本は縄文時代には成立していたのです。それが今でも日本人の底力になっているのです。

仏教的価値観の威力も、今は小さくなっているのですが、なくなったとはいえないのです。常識の権威がはっきり認められるためには仏教的イデオロギーから脱却しなければならないのです。

明治以後の日本は欧米の論理を取り入れ、近代国家としての形を整えることに専念しました。欧米を手本とするかぎり議論もできたのです。しかし、欧米がいつまでも手本になるわけでもありません。

日本に仏教が渡ってきたのは約１５００年前頃だといわれています。その当時、中国は世界の文化先進国でした。

文化的僻地である日本は中国の文化を貪欲に取り入れました。仏教もその流れに乗って入ってきたのです。

仏教の持つ理というものに深さを感じたのでしょう。日本人は仏教に熱中したのです。仏教の考え方は今でも日本人の常識に影響を与えています。欲望を恥ずかしいものとする考えは仏教的な価値観です。自己否定を美しい行為と考えることなどもそうです。

しかし実際の長い経験から仏教の理屈は役に立たないということも知っているのです。「百人一首」で遊ぶ「坊主めくり」は日本人なら経験があると思います。坊主を引くとずっこけです。日本人がほんとうに仏教を尊敬していればそんな遊びにならなかったでしょう。では、坊主を軽蔑しているかというと、そうでもないのです。現実は現実、理屈は理屈ということです。

本音と建前の二本立てです。本音と建前が少し違うというのでなく、本音と建前をときと場合で使い分けるのです。

これは大変難しいことです。簡単にできることではないのですが、いつの間にか慣れてしまって、そんなことをしているという自覚もないのです。

どっちが本心ともいえないのです。日本人が緊張しやすいのは実は、ここに原因があるのかもしれません。

控えめにすることが悪いことだと思いませんが、自己否定は本来、あってはならないことです。

ホンネと建前を使い分ける習慣があるから議論ができないのです。ホンネを出せば喧嘩をしかけているように思われるし、建前で議論したところで何ら得るところはないのです。現実に必要な常識まで否定されることはなかったのですが、それもときと場合で、間が悪ければどうなるか分かりません。

社会と個人の関係はどちらが大事かという問題ではありません。両立しなければ意味がないのです。

日本人の基本的な考え方は合理主義です。それは縄文時代に培われた日本人の基盤です。その合理主義と仏教が約１５００年前にぶつかったのです。

日本人の常識は仏教に勝ったとはいえませんが負けたわけでもないのです。仏教の考え方と普通の常識を並存させるという、不可能に近いことを江戸時代まで続けてきたのです。

現実を否定することはできません。といって理屈を否定することもできなかったのです。永遠という価値を主張する仏教の理屈に反論する言葉はなかったのです。

世間の価値観の逆をいえば仏教的価値観になるのです。今、世界が経験している哲学の影響は日本が仏教で経験したことと同じです。

「絶対」や「完全」の世界を正しいと考えるのがイデオロギーの特徴です。

頭の中の理念に絶対や完全を発見するのです。理念が目的になってしまうと人間性のほうはお留守になります。

有限の枠をはみ出ることが哲学的ということになるのです。有限という枠がなくなると理の根拠もなくなるのです。それを新しい境地、あるいは真理と錯覚するのです。

空想であるという自覚があれば空想を楽しむこともできます。空想の世界に入りながら、それを分からなければ悲劇です。

日本人が仏教の虜になったのは仏教の持ち出す「永遠」に感心してしまったからです。そのため、論理逆転という理不尽な経験を強いられたのです。自慢にはならないと思いますが、この経験は生かすべきです。

共産主義の理屈には一応関心を示しながら、それを選ばなかったのは仏教での経験がものをいったのでしょう。

日本人は理屈だけでは簡単に行動しないのです。「理屈、必ずしも道理ならず」ということを経験上、知っているのです。

哲学の主張は日本人にはそんなに驚くほどのことでないのかもしれません。しかし、世界中に与えている影響は甚大です。

共産主義も、日本人が考えている以上に世界に影響を与えているのです。

11　常識が共通の足場

議論は感情より言葉です。言葉の内容で意思を交換するのです。いいたいことをいうだけでは喧嘩と同じですから、相手の意見に十分耳を傾ける責任があります。

自分に見えていることが相手には見えていない。このことは自覚できるのです。自分に見えていない部分を自覚することは困難ですから、だれでも自分の意見を正しいと思っているのです。やはり、議論に慣れることが必要です。

議論を始めるためには共通の認識が必要で、その役割をするのが「常識」です。

自分にとっては素直な感情でも、それが正当であると限りません。自分勝手な感情は相手のためにも、そして自分のためにもなりません。感情がぶつかれば不快です。

議論ができる雰囲気は常識を共有してこそ生まれます。立場や考え方はいろいろですが、常識は別です。

「常識」は時代遅れ的な存在に見えるのかもしれません。しかし、「常識」がぐらつけば議論の目的まで、はっきりしなくなるのです。

今も昔も一番難しいのは政治の問題です。それは、民主主義の時代でも同じです。差し迫った問題になる前からこつこつと問題点を整理するのは学者の仕事です。マスコミは問題の解説に学者の意見を取り上げることが多いのです。それほど大事な学問ですが、何故か善悪の判断に実績がないのです。

法律の執行は前例に従うのが通例です。そして、現状に合わなくなれば改めていくというやり方です。

善悪の問題は社会の重要な部分を占めているのです。ところが学問にはこの問題に確たる実績がありません。善悪の問題は「常識」が判断の基準になっているのです。

社会にとって大変重要なことであるのに、学問では善悪の判断はできないのです。

大多数の国民が納得できる政治は、形の上では既にできています。良識ある政治を実現させる舞台装置は整っているのです。その上、言論の自由が保証されていれば公平な社会です。

例外を除けばどの国も国内の秩序は確保されています。しかし、国どうしの対立を解消する効果的な仕組みはできていないのです。

世界大戦になるような危険は今のところありません。しかし、局地的な戦争は跡を絶ちません。世界としての秩序は安定しているといえないのです。

社会と社会の対立関係を議論で解決することは困難な状態です。

どの社会にもその国の法律や「常識」があります。しかし、世界共通の法律や常識はまだありません。必要なら新しく創らなければならないのです。

どこの国の常識にしても、世界の常識としては少し問題があるのです。

「常識」には深い根があります。それぞれの国の「常識」は、その国の個性に合う形になっています。合理性はあるのですが普遍性には欠けるのです。

世界の常識ということになれば、意識して新しく創らなければならないのです。

普遍性を求めてきたのは哲学です。ここは哲学の出番といわなければなりません。その哲学の出した答えが「人生の本質は虚無である」というものです。これが笑い話ならよいのですが、そうではないのです。笑い話ではなく悲劇です。普遍性は壁にぶち当たってしまっているのです。

社会は複雑です。その複雑さを交通整理するには基本が大事です。知識の生かし方も結局は基本的な価値観に左右されるのです。

義務教育の必要性は世界中の国が認めています。学問によって合理的な知識を持つことができるのです。ただ、いくら学問が普及しても「常識」の必要性は変わらないのです。

人間的、かつ合理的な価値観の根源は「当たり前」と感じることのできる能力です。「当たり前」という感覚は非常にナイーブです。強い主張に出会うと影響されます。あらゆる知識を一時棚上げして「何が当たり前か」という問いから、答えを見つけなければならないのかもしれません。

何が悪いことか。それはだれでも知っているのです。理屈より感覚で分かります。しかし、悪いといってもピンからキリまであります。それにどう対処すればよいか、難しい問題です。善悪のけじめの付けかたで社会の様子は変わっていきます。「当たり前」が通る議論をしなければならないのです。「当たり前」と思える価値観を豊富に共有できるほど人間性の可能性は豊かになるのです。

12　哲学の精神

哲学には輝かしい歴史があります。知識は社会の共有物です。哲学はその考え方のバックボーン的な存在です。最も人間的なものといえば「知と愛」かもしれませんね。この二つを結びつけるのが正しい知識です。それが学問ということになります。「正しい知識がなければ愛を全うすることができない」という洞察。「愛に到達してその知識の正しいことが証明される」という考え方。

知と愛の手引きをするのが学問の役目です。学問を興す動機の中に哲学の精神はあるように思うのです。

人びとが哲学を信頼するのは良いことです。むしろ、当然過ぎることだと思います。しかし現実はその哲学が、コースを逆に走っているのです。

13　政治の安定

善悪や「常識」は私たちの生活の中に深く関わっています。国家の単位ではできていることでも、これを国際的に統一するとなると簡単とはいえません。戦争という手段を使わないで社会の枠を広げなければならないのです。どんなことを決めるにしても基本的なことに合意がないとスムーズにいきません。社会はここまで発達しているのですから、いまさら考え方の基本でもないと、だれでも思ってしまいます。ところが、その基本が怪しくなっているのです。

議論のために基本的な認識を統一しようと思っても、その段階で意見がまとまらないのです。基本的な認識が正しくなければ議論にならないのです。

具体的なことを議論したいと思っても、そこへ行き着けないのです。

みんなの頭の中にある「当たり前」がまちまちなら議論はできないのです。

みんなの「当たり前」が「常識」ということですから、常識を否定したのでは共通の認識もないことになります。

実績のあるものに権威が生じるのは自然現象です。しかし「虚無」は、あらゆる権威を否定します。権威というより、あらゆる価値の否定であるわけです。


議論しなければならないことが多くなっています。特に、国と国との合意の必要性が高まっています。


私のシナリオを紹介しましょう。

国と国の問題を話し合いで解決するためには、世界がひとつの社会になる必要がありま す。そのためには「世界の常識」といえるものが成立しなければならないのです。

普遍的な価値を持つ「常識」が考え出されても、それぞれの国の「常識」からすれば必ず、どこかに不満なところがあるはずです。

その壁を乗り越えるのも「当たり前」という感覚を生かすことができれば可能でしょう。

成功すれば文明はひとつの飛躍を成し遂げたことになるのかもしれません。

哲学が、新しくできる世界の「常識」の後押しをします。

こういうシナリオなら戦争の心配はしないですみます。ところが現実はそうではないのです。

今までの哲学は、現実と少し離れた存在のように受け取られる傾向がありました。哲学の不吉な予言も、初めは社会全体に影響を及ぼすほどでなかったかもしれないのです。しかし学問の重要性は増す一方です。それだけに、哲学の考え方はのっぴきならないものとなっています。

共産主義だけでなく、学問の衣を纏ったイデオロギーの悪影響は社会の深部にまで及んでいるのです。

競争の原理を生かすことが経済の原則です。自由経済でも舵取りの議論は必要です。自由経済は資本主義ではありません。「資本主義」はマルクスのいい出した言葉です。共産主義以外は資本主義という考え方はマルクスの考えです。資本主義という主義はないのです。

今度の経済危機のように、アメリカ主導の経済がうまくいかないとなれば、やはり資本主義は間違っていると考える人は多いのです。

共産主義が唯物論と結びついていなかったら、これほどの影響力はなかったでしょう。唯物論だけでなく実存主義、シュールレアリスムなど、哲学が生み出すものは常識に反するものばかりです。

真理であると同調する人もいます。また、そういう人を哲学者として持ち上げるジャーナリズムも多いのです。

普遍性を目指すのが哲学の本来の目的です。その哲学が普遍性どころか、常識を否定する側に回っているのです。

「神は死んだ。この世の本質は虚無である」。悪魔が手を叩いて喜びそうな文句です。「虚無」の前にはあらゆる権威が台無しです。もしもほんとうに常識が無力になれば世の中は大混乱です。社会は社会としての機能を失うことになるのです。

「哲学者は非常識なことをいう人種である」ですましていられるでしょうか。

共通の認識が成立しないと具体的な議論ができるところまで行き着けないのです。議論が十分でないと社会的な対策もその場限りの辻褄合わせになってしまいます。無駄が多くなり、出費は増えても問題は解決しないのです。

政治がうまくいけば社会に活気がでます。生きるということは競争することでもあるのです。競争すれば勝つ人も負ける人も出てきます。負けた人には救済や再挑戦の機会など、社会全体が動ける仕組みが必要です。秩序は欠かせませんが個性を生かせることも大事です。個性を生かせてこそ生甲斐を感じることができるのです。

戦争に利益がないとはいえないのです。競争に害がないともいえません。違うのは、利益と害の割合です。

生きている限り完全ということはあり得ないのです。完全を目指すとかえって、いい加減になってしまいます。

少しでも確実に良いほうに持っていければ、それが進歩です。

14　完全

観念の世界は完全です。というより、完全でしかありえないのです。数字の世界は平等だから正解があるのです。

数学の世界は理論の世界です。1以外の数は1の倍数です。だから割り切れます。

1はどんな大きさや量にでも対応します。この1をブロックのように使ってあらゆる形を自由に組み立てる理論が数学です。

数学は観念の中の「有限の世界」です。だから数学の理論は現実にも応用することが可能です。しかし、理論の中に「無限大」を入れると数の世界の有理性が崩れます。数の大小の意味がなくなるのです。大小の意味がなくなれば、数としての意味もなくなります。

数学は公理で成り立っています。人間の社会の場合は「常識」が公理の役割を担っているのです。

人間の社会の構造は数学の世界とは全然違います。理が構造をつないでいることは同じですが、構造の中身が違います。人間はブロックではありません。ひとり一人が数字のように同じではないのです。

ただ、有限という条件があって理が成立するのは、現実の世界も理論の世界も同じです。

私たちの地球は際限のない空間の中に浮かんでいるのです。宇宙の限界はどうなっているのか。考えを突き詰めていくと行き当たるのがこの問題です。

空間だけでなく時間もそうです。そして、その現実の中に人生はあるのです。

宇宙にもキリはあると思います。しかし、その仕組みは分からないのです。

この場合の「分からない」は、何時か分かるときが来るというのでなく、不可能であるということです。

人間にはキリがないように思えるだけで、宇宙や時間にもキリはあるのです。しかし、それがどんな仕組みか理解できないのです。いえることは、「無限ではない」ということです。

人間にとって宇宙は無限です。しかし実際の宇宙は無限ではないのです。その仕組みが人間の理解を超えているということです。

４次元の方程式は解けても、４次元の空間を思い描くことはできないのです。残念な気もしますが、分からないということに意味があるのかもしれません。

宇宙や生命の謎は興味のある問題です。しかし、空想の翼は広げることはできても理解として到達できない領域です。

「できること」と「できないこと」を自覚できることは進歩です。


数学上の数や線は人間の脳の中の理論上のものです。その数や線だけで複雑な理論の世界が生まれているのです。現実の世界はその何倍複雑か見当もつきません。しかも、日々変化しているのですから、とても理論のように割り切れません。

理論も参考になりますが、現実の問題を解決するには現実に合わせて考える以外ないのです。問題ごとに議論して解決策を見つけなければなりません。


理論の中に真理があると勘違いしているのが哲学です。有限の枠を外すことが哲学的、ということになります。

観念や空想の世界を真実の世界だと思い込むと現実のほうが虚になるのです。それが今の哲学の世界です。

現実の中に理を見つけなければならないのです。人間にとって一番危険な落とし穴になるのが「無限大」という概念です。「無限大」を存在として扱えばそのまま間違ったコースに入ってしまうのです。

有限と無限。この二つは世界が違うのです。これを現実の世界に当てはめるとすれば、生が有限で死が無限ということになるのでしょう。

生の世界の外に何があるか。何もないとは考えられないのですが、そこから先は空想しか入っていけない世界です。

言葉がこれほど役に立つのは理を伝えることもできるからです。しかし、間違った理を共有すると、とんでもない結果を招くことになります。

信頼が裏目に出ているのが哲学です。普通の人がいえば通らない非常識な内容でも、それが哲学者の口から出ると人は真理のように受け取るのです。

真実を追うにしてもやはり限度があります。何を研究するにしても原点は生きた人間です。足すにしても分割するにしても、生身の人間が出発点です。

15　無限大とは

言葉から描けるイメージはだれでも同じといえません。それに比べ理のほうは、理解すれば全く同じものを共有することができます。

「理」があって議論する意味もあるのです。ところが、理屈という言葉があるように人をはぐらかすこともあります。

議論は言葉のやりとりです。その場で反論できなければ言い負かされた形になります。当たり前と思うことでも跳ね返されることもあるのです。

例えば「永遠の時間」。議論なら登場しかねないのです。永遠の時間を否定できなければ時間の長短を論じても足元をすくわれてしまうのです。

相手のいっていることが詭弁であると分かっていても反論することができないのです。

現実と架空。これは、はっきり区別しなければなりません。そんなことは何でもないことのようですが、はっきりしない場合もあるのです。はっきりしない原因は、「無限」という言葉に対する認識が正しく整理されていないからです。

無限という概念を持つことのできる生きものは人間だけです。「ゼロの発見」という本を書いた人もいます。ゼロと無限は同じ仲間です。観念の働きが生み出したものです。ゼロと無限は性質を表す言葉で、モノではありません。キリのない大きさはないのです。

神の存在を意識できるのは人間であればこそといえます。注意しなければならないのは、その意味づけです。どんな風に定義しても正しいとはいえないように思います。私たちは「人生には理解できないことがある」ということを自覚しなければなりません。それを自覚した上でなら想像をめぐらすのは自由かもしれません。人間も宇宙の一部ですが宇宙の根本は分かりません。科学の力もそこまでは届かないのです。

理を補うものとして信仰があります。それもひとつの方法です。しかしこれからの世界は信仰だけでは動けません。

信仰に代わるものが議論です。人間にどういう運命が待っているにせよ、これしか方法はないのです。前へ進める議論ができる環境が求められるのです。

社会の合理性は学問なしでは考えられないのですが、やはり常識は必要です。岸の両側からつくり始めた橋のように、常識と学問はつながってひとつの道になるべきものです。

自然発酵のような形で出来上がった「常識」は社会の基本です。学問より「常識」のほうが先に成立したのですから、「常識」は学問の先輩というわけです。

発達の過程は違っても両方が「理」の支えです。対立すれば理の崩壊です。社会は支えを失うのです。

16　常識が秩序の要

「神秘の支配者の意に適いたい」という気持ちが宗教という形になったのでしょう。それに対し哲学は、神秘に合理的な答えを見つけようとしたのです。

今の哲学は必ずしも社会的に肯定されているといえません。しかし、否定されてもいないのです。結果的に人類は窮地に追い込まれつつあるのです。

論理の根は「常識」にあります。「常識」が否定されると論理は根拠を失うのです。「当たり前」を感じる能力が常識を生み、その常識が社会を支えているのです。既存の常識の重要さを認め、常識をベースに普遍性について考えるのが本来の哲学の役割です。

一番大事なものは人間性です。「当たり前」の世界が人間の住める世界です。「当たり前」の世界を広げていくことが人間の目的です。

理があって人間があるのでなく、人間があって理があるのです。社会があるから善悪が生じ、それが社会に秩序をもたらしているのです。

生物相の変化は大変緩慢です。それに比べると人間の社会は変化が速いのです。その社会が重大な局面を迎えているのです。

「当たり前」という感覚は微妙な感覚です。理屈に振り回されないように注意が必要です。

今、世界が直面している状況と同じことを、日本の社会はすでに経験しています。仏教の考え方は哲学と同じです。


「常識」が権威を失えば社会はどういう状態になるのか。日本の歴史を見れば一目瞭然です。秩序の要が力を失い、混沌の状態に転落するのです。

権威を失った「常識」が、それでも何とか生き延びてきたのが日本の歴史です。


仏教の考え方から行くと、生きることを軽く見ることが「ほんとうのことが分かっている」ということになるのです。価値の原点が間違っています。これでは自分を主張する根拠がはっきりしなくなるのです。

仏教の影響から、「普通」や「当たり前」のことは俗ということになり、「当たり前」の考え方は一段低いということになってしまったのです。一番大事にしなければならないものが権威を失ったのです。共通の価値が傷つけられたのです。

常識を否定するような考え方は普通の人が主張してもだれも相手にしません。仏教という権威を背景にしているので一段高い考え方ということになってしまうのです。

しかし、いくら権威でも筋の通らないことはいえません。そこに、永遠や無限が出てくることで、一段高い考え方になってしまうのです。

もともと、日本は道理のしっかりした国であったと思うのです。理というものに自信があったのです。だからこそ理屈の多い仏教に関心を持ったのです。

日本で常識がどのような成立の過程をたどってきたか不明ですが、縄文時代の終わり頃には今とそれほど変わらない基本はできていたと思います。むしろ、今より頼りになったかもしれません。

日本人の常識は仏教の影響で大きな打撃を受けたのですが、それまでに既に、「常識」の基礎はできていたのです。

鎌倉時代には一般民衆まで仏教に熱中しました。国中が果てしない議論に巻き込まれ結局、何にも得るところはなかったのです。

そうしている間に仏教の考え方は全国に浸透してしまいました、そのため常識が、必ずしも常識で通らないという、大変不便な国になってしまったのです。

議論してはいけない国になってしまいました。議論しても水掛論になってしまうのです。雰囲気が壊れるだけで結論は出ないのです。

常識が無力になれば秩序を保つことは難しくなります。日本は長い戦乱の時代を経験しなければならなかったのです。

日本人が仏教に魅力を感じたのは仏教の持つ深さのようなものに惹かれたのです。

今の世界の状態は日本人が仏教で経験したことと同じです。間違いの根はひとつです。

常識が通用して社会です。常識の範囲で社会としての機能が働くのです。

普通、常識を否定することはだれにもできないのですが、哲学や宗教だからできるのです。

宗教や哲学には権威があります。その上、究極から始まる理屈には反論が難しいのです。

学問にはその積み重ねてきた知識に社会的な評価があり、評価が固まれば常識と同じような効果を及ぼします。それが社会全体を合理的な方向に押し上げてきたのです。学問に対する信頼は絶大です。哲学的価値観は一部の人には常識でもあるわけです。社会が馬鹿になれば人間も馬鹿になります。理性の最先端と信じられている哲学が道を間違えると、そういうことになってしまうのです。

理の行き詰まりは社会の行き詰まりです。哲学の影響は全世界に及びます。

常識が正常に働かないということはとても不都合なことです。この影響はだれも免れることはできません。都会の中にジャングルがあるようなものです。いつ被害者の立場になるか予想はしにくいのです。

近年、日本は隣国である中国や朝鮮に迷惑をかけましたが、一番の被害者は日本人自身です。徴兵されれば奴隷の境遇です。ひょっとすると奴隷より悪いかもしれません。日本では常識を否定することが、必ずしも非常識ではないわけです。立場が強ければどんな無理でもいえるということになってしまうのです。

戦争中の雰囲気を知らない人には理解しにくいかもしれません。

17　ホンネの議論

議論は言葉のやりとりですが、その元は欲望や喜怒哀楽です。欲望や喜怒哀楽に社会の正当な評価がないと、議論も弾みようがありません。

意思の伝達が十分でないと安心できません。常識があやふやでは人間関係に危険地帯があるのと同じです。何かにつけ、それが日本人のストレスの元です。

だれにでも自分に見えてない部分があります。議論してそれに気付くことができます。感情には独断と偏見がつきものです。しかし、相手のホンネは最大の情報です。それによって自分の一方的な感情に気付くこともできるのです。

ホンネを出して議論できてこそほんとうの議論です。直接の情報の交換が議論の価値です。議論できる相手を持つことは自分の世界を広くします。

情熱は理性と感情の相乗効果で生じるものです。集団の感情は大きなエネルギーです。

集団の感情に理性を吹き込めるような議論が正しい議論です。自分の利益を考えることは不純なことではありません。自分を大切にしたいと思わない人はいないでしょう。そして、ひとりでは無理でも力を合わせれば可能なことはいくらでもあります。

力を合わせて行動するのは人間だけではありません。しかし、人間のような社会を持てる動物はいないのです。それもこれも、人間に理を理解する能力が備わっているからです。社会にとって大学は理のメッカです。大学は社会に刺激を与えなければならないのです。勿論プラスの刺激です。

社会に秩序が必要であることはだれにでも分かります。問題は、社会と社会の対立です。国家間の争いには法律もなく、双方を裁く権力もありません。今までなら戦争になるところですが、今、そんなことをすれば両方が破滅です。といって戦争にならない保証はないのです。

平和が必要なことはだれにでも分かります。それこそ「当たり前」です。しかし、その「当たり前」が社会認識としての力を発揮するには、「常識」に権威が必要です。虚無という言葉はあらゆる権威を無力するのです。

18　国際感覚

日本は戦争中と戦争の後始末に苦労しましたが、戦争に負けた結果の苦労はなかったと思うのです。むしろ、負けてよかったのかもしれません。

ただ、負けたことと今の状態へのつながりが理解しにくく、気持ちの上でも中途半端です。

日本人に比べると朝鮮半島の人は苦労しています。第二次大戦が終わって間もない１９５０年に朝鮮戦争が始まりました。その戦争はまだ終わっていないのです。今でも38度線を境に韓国と北朝鮮は対峙しているのです。

北朝鮮は自分の意思で共産主義を選んだわけではありません。そうするより外はなかったのです。気の毒としかいいようがないのです。

しかし韓国にしても、こんな理不尽な戦争はないと思っているでしょう。共産主義の影響を今も受け続けているのが朝鮮半島です。

この状態に日本は責任を負えないとしても同情することはできると思います。北朝鮮による拉致の問題は、災難にあった人は気の毒です。しかし日本は北朝鮮に対し、もう少し理解しようとする態度で臨むべきです。

また、ロシアとは北方領土の問題があります。ロシアは日本の敗戦の弱みに付け込んでいきなり千島列島を占領し、そのまま返そうとしないのですから日本は被害者です。

しかし、事実上支配している領土を返すことはなかなかできることでもないのです。主張すべきことは主張して当然ですが、感情的になっても利益はありません。一歩も下がらないというのは、強いというより危険です。また逆に、一歩も下がらないという相手を無理に押すのも危険です。

こちらの要求を相手が認めることが一番よいのですが、どうしても認めないというのならそれは仕方がないのです。

こちらの要求が正当であるとすれば、それを認めないのは相手の責任です。こちらが気にやむ必要はないのです。

ロシアが千島列島に投資することは日本にとってマイナスとは一概にいえないのです。ロシアと経済協力することはとても大切です。正しい主張であるならばそれを変える必要はないと思いますが、何が何でもこちらの言い分を承知しろ、というのでは話にならないのです。結局、損するのは日本です。

今の時代は勝つことより共存共栄に軸足を置かなければならないのです。そのためには外国の立場を理解することが必要です。

日本にも問題は山ほどあるのですが日本以上に難問を抱えている国が多いのです。ソ連や中国も第二次大戦中はもちろんですが、その後も大変苦労しています。国内の問題を考えるにしても国際的な視野が必要です。

共産主義の影響は広い範囲に及んでいますが、おそらく、アメリカが最も脅威を感じたのではないでしょうか。一時はどこまでも広がりそうな勢いでした。

世界的に見れば日本は共産主義の影響の少ない国です。

社会主義は必要です。社会主義は共産主義のためにめちゃくちゃにされてしまったのです。中途半端とか、卑怯者呼ばわりされた社会主義は名誉を回復できるでしょうか。自由主義と社会主義は経済の両面です。そのバランスで経済は成り立つのです。

大学が共産主義を学問であると考えた理由は唯物論と関係があるからです。共産主義が世界に広まった原因は大学が学問として受け入れたからです。

学者の発言は社会に影響を与えます。共産主義の理論は世界中の感覚を狂わせたのです。共産国でなくても、共産思想に影響された政党が多数党の国は沢山あります。共産主義がもたらした歪はとても大きいのです。

共産主義の影響には哲学が絡んでいます。哲学の間違いを理解することなしに解決しないのです。

自由経済がここまで大きくなった原動力はアメリカにあるといえます。ソ連も中国も、それは認めているでしょう。

アメリカの力がなかったらどうなっていたか。今でも共産主義の脅威がなくなっているわけでもありません。

アメリカが軍事力を持つ理由はあります。しかし、組織は存続の理由にかかわらず、組織そのものに存続の願望が生じます。巨大であるほどその力も強いので心配です。

19　矛盾

ロシアや中国の態度の変化で世界を巻き込む大戦争が始まる危険は今のところありません。しかし軍備はそのままですから、いつ事故が起きるか分かりません。

解決方法はひとつです。世界がひとつの社会になる以外、方法はありません。そして、そのために最低必要なものが共通の価値観です。

哲学流の虚無思想は世界中に広がっています。この影響の大きさは日本人にはピンとこないかもしれません。なにしろ日本は千年以上も前から経験ずみです。初めての経験でないわけです。

日本で、明治維新以後に廃仏毀釈の行動が全国で起こりました。寺や仏像が破壊されたのです。

しかし、仏教の意味を理解した行動でなかったようです。いつの間にか寺も仏像も元の姿です。分かっているようで、分かっていなかったということでしょう。

仏教を知る以前の日本はごく当たり前の国であったと思います。国際交流に恵まれなかったものの、その代わり、常識の育つ環境に恵まれた国であったのです。日本は話し合いで統一国家が成立した珍しい国です。それが可能であったのも常識がしっかりしていたからです。

日本の神は全く自然です。当時の日本人に宗教という自覚はなかったような感じです。

仏教の受け入れは皇室が一番熱心だったので抵抗はほとんどなかったのです。今でも神と仏の二本立てです。国民が二つの宗教に分かれているのでなく、その両方を祀っているのです。

この二つの宗教は全く考え方が違います。考え方が正反対の宗教を共に拝む行為は矛盾しているのです。

「現実」を否定することはできません。しかし、仏教の理屈も否定することができなかったのです。どちらが正しいか判断できなかったから、こんな不都合なことになっているのです。

経験があるという意味で日本は先進国です。しかも、千年以上もその矛盾の中で生きてきたのです。この経験を生かすことができれば苦労した甲斐もあったといえるかもしれません。

ただ、ほんとうに苦労したのは過去の日本人です。現代の私たちがその苦労を理解することは難しいのです。

今もその苦労が全然ないかといえば、昔ほどではないのですが今もあります。ただ、小さい時分から馴染んでいる習慣は自覚しにくいのです。しかし、それを自覚することなしに、この問題を解決することはできません。

世界的な秩序を考えなければならない時代ですが、まず国内から議論を整えなければならないでしょう。

自国の問題を解決することが、世界の問題を解決することにつながるのです。

20 感情

人間の感情は自然現象にも似た自由気ままなところがあります。しかし、行動のエネルギーの元でもあります。

自分の感情を言葉で表現するのは悪いことでないのですが、それを正しいと思い込んでいると喧嘩になったりします。喧嘩になってしまうのが一番悪い結果です。

議論は共通の認識をつくることから始めなければならないのです。実は、ここが一番難しいのかもしれません。何を事実として議論を始めるのか、それが決まらなければ議論は前へ進めません。

議論の目的は勝つことでなくお互いの考え方の調整です。だれにでも「見えてない部分」というものがあります。だから議論が必要ということになります。

議論の結果、考え方を修正したからといって妥協したと考える必要はないのです。

考え方を調整するのが議論の目的です。合意に達することに成功すれば議論の目的を果たしたことになります。

勝負のために議論するのではないのです。議論の目的は共通の認識をつくり出すことです。

議論をしないことは情報が少ないことと同じです。他人のホンネに勝る情報はないのです。

一般論としての議論が成立するということは社会がつながっているということです。議論は社会を加えた会話です。自分の本音が、相手や社会とぶつかってこそほんとうの議論といえるのではないでしょうか。

他人のホンネは最高の情報かもしれません。それをぶつけられて自分に気が付かなかったことに目が行くのです。

ホンネをいうのが一番親切な行為かもしれません。しかし、相手に気を悪くさせたのでは親切ともいえません。その辺が難しいところです。

感情はとかく行き過ぎるものです。言葉で表現する過程で自分の感情の行き過ぎに気が付くこともあるでしょう。

感情はなんとなく伝わるものですが言葉で表現できたほうが分かりやすいのです。

何でもいえる相手のあることは幸せです。しかし、仲間内だけでなく、だれとでも議論できる雰囲気こそ大事です。

考えを言葉にすることはそれだけでも訓練になります。議論のタネはいくらでもあります。意見交換が自由にできれば、それだけ社会の風通しがよくなります。

理は言葉以上に正確です。ただ、宇宙の果てのことまで考えると理も怪しくなります。この大自然には人間の理解を超える部分が存在することは確かです。それは神秘という言葉で表現するしかありません。

そしてその、想像するしかない部分のあることは、むしろ、素敵なことだと思います。

21　選ぶ

私たちが政治と接触する機会は何といっても選挙です。いくら民主主義でも能力のある人を選べないと政治が捗りません。政治家の能力で政治の効率は違ってきます。だれを選ぶのも自由ですが立候補しない人を選ぶことはできません。有能な人を発見する方法や、その立候補を助けるシステムに物足りなさを感じます。

選挙制度を生かすための具体的な方策を研究する余地はあるでしょう。

民主主義の意味の分からない人はいないのです。しかし具体的にどう行動すればよいのか、それがなかなか掴めないのです。

政治に大学がどれだけ役に立っているか。学生運動は大学を荒廃に導いただけでした。国民が政治に自信が持てないのも学問の姿勢が影響しています。学問の姿勢が現実とずれていることが原因です。

権力を悪と考えてはいけないのです。民主主義の権力は法律の定めるところに従って生まれます。権力が存在して法律は守られるのです。

権力が悪用されては困りますが、それは国民が監視するしかありません。民主主義の時代になっているのですから制度を生かすことができなければなりません。政治はみこしを担ぐように皆で担ぐべきものです。本来、調子は自然に合ってくるのですが、それも、合わす意思があってのことです。納得のいく論理で社会が動いているという自覚を国民が持てることが必要です。まず国内で、議論が成立しなければならないのです。それが世界の平和への第一歩です。

22　普遍的価値

大自然の摂理は人間だから感じることができます。大自然はうまくできていると思います。どれくらいうまくできているか。実はそれは分かりません。

神秘の存在に気が付いたから宗教が生まれたのです。猿の意識に神が存在すれば、それは猿でなく、人間として扱わなければならないかもしれません。

宗教には必然性があります。宗教の果たしてきた社会的な役割は大きいと思います。国や宗教の存在は秩序に欠かすことはできません。

しかし、世界がひとつの社会となるためには、そのための柱になれるものが必要で、それが普遍的価値観です。ひとつの社会においてはその社会の「常識」が普遍的価値観です。

世界共通の常識が成立すれば、それがほんとうの普遍的価値観ということになります。世界がひとつの社会としての機能を持てるのは世界の「常識」が成立したときです。

学問と「常識」がつながれば、それが世界で通用する「常識」になるのではないかと思います。その先頭に立てる立場が哲学です。

哲学のことを辞書では、
「あらゆる仮定を除き、万物に関する根本原理を追求する学問」
と説明しています。

一見、なんの不都合もない定義に思えるかもしれません。しかし、万物の「あらゆる仮定」を除くことや「根本原理」を追求することは、実際には不可能です。不可能なことを可能と思うのは錯覚です。

哲学の役割は普遍を打ち立てることです。ただし、普遍といっても人間を忘れてはいけないのです。人間にとっての普遍です。

合理的な共通の認識が話し合いの土台です。世界中の人が共有できる考え方に権威を与えることが哲学の役割です。その哲学が、間違ったほうに権威を与えているのです。

学問は社会的に認められた知識です。人間を成長させたのは学問です。今、その学問が人間を破壊に導くかもしれないジレンマに落ち込んでいるのです。

「当たり前」と考えられていたことが「当たり前」でなくなったら議論はそこでストップしてしまいます。今、なにが「当たり前」か、それがはっきりしなくなっているのです。当たり前という意識は論理的というより感覚です。この感覚に社会性の生まれたものが「常識」です。その社会性がおびやかされているのです。

第三部

1　権利と義務

国がみんなの共有物である以上、当然、私たちには国に対して権利と義務が生じます。権利は主張することができ、義務は拒むことができません。

国民年金や国民健康保険を例にとると日本の法律では国民全てに加入する義務がありま す。権利と義務が混同されているように思うのです。

本来、権利であるべきものが義務になっています。例え権利でも強制されたら権利といえるかどうか。

年金や保険の意味は理解できますが、現実はそれが社会や個人の大きな負担になっているのです。

医療の荒廃にしても、その原因は競争の原理が働きにくいからです。経済の法則を生かす工夫が必要です。

高齢化が進んでいます。医療の問題は重要です。どこまでが自己責任で、どこから社会が責任を持つべきでしょうか。原則をもっと議論しなければなりません。

たまたまの不運に対処するのが保険の趣旨です。だれもが遭遇するというのでは保険の対象になりません。

高齢化時代です。だれでも医者にかかります。保険制度で解決する問題とは思えないのです。

公的保険制度に頼れば、医者も患者も無責任になるだけです。結局、必要以上の負担が国民にかかります。

延命が目的という薬が多くなっています。病気を治すのでなく死ぬのを先に延ばすだけというクスリです。それに保険を使うのでは社会の負担は余りにも大きくなります。高齢で死ぬのは病気でなく自然現象です。

延命だけが目的という薬は、自分の意思や負担で使うのは自由かもしれません。しかしそれを社会の負担とすることには反対です。

今の状態は明らかに行き過ぎです。そのうち、社会が病気になってしまうでしょう。

何事も計画があってのことでしょう。しかし、計画どおり進行しているかどうか、実際の経過から判断しなければなりません。

2　格差は労働者に不利

労働者の立場は変化しています。自由競争が時代のキーワードとなり、そこへ不景気とくれば労働条件は悪くなる一方です。

不景気で最初に影響を受けるのは臨時の形で働いている人たちです。仕事の内容は同じでも雇われ方の違いで処遇に差の出ることが問題になっています。

民間に比べ公務員は大変恵まれています。公務員ほどでなくても、民間の会社で働いている正規の社員の立場も派遣社員に比べれば有利です。

会社は派遣社員を使うほうが安くつきます。条件を悪くしても人を雇うことができるのです。

こういう状況では正規の社員も安心できません。勤めている会社を辞めると既得権を放棄することになりかねません。

権利は獲得するのも大変です。しかし、それが行き過ぎと分かっても既得権を元に戻すことのほうが難しいのかもしれません。

格差の問題は労働者全体を不利な環境にしているのです。現実を無視した労働運動の結果のような気もします。共産主義のつくったツケを払わされているのです。

経営者と従業員の間には利害の対立する関係があります。この力関係の釣り合いがうまく取れるようにするのも政治の仕事です。国や自治体は経営者と従業員の関係に中立的な立場でなければならないのです。政治の力は公平に働かなければなりません。

公務員を監督するのは同じ公務員である官僚の仕事です。その官僚を監視するのが政治家の仕事です。

国民は政治家と官僚の議論の中身から政治の問題点は勿論のこと、政治家や官僚の仕事振りや能力も知ることができるのです。

民主主義の時代でも議論の内容がお粗末であれば政治は有効に動きません。

しかし、議論の内容を豊かにするのは政治家や官僚だけでできることではないのです。聞く耳のある国民でなければいけないのです。

3　頼りになる社会

自殺する人が年間3万人を超えています。

自殺した人が3万人です。自殺の手前まで行った人はもっと沢山いるはずです。問題はとても深刻です。電話相談のようなその場しのぎの対策だけでは十分とはいえません。

また、幼児虐待という問題も多発しています。親が自分の子を虐待するという、これも非常に深刻な問題です。幼児虐待に対しては子供を引き取れる施設をつくるしか方法はありません。これによって親も子も救われます。子供の成長に社会は責任を持たなければなりません。子供には立派に成長できる環境が必要です。

いずれも頼るものがないから起きる事件です。もっと頼りがいのある社会でなければなりません。

この人たちを救ったからといって社会が貧しくなるというものではないのです。その逆です。対策を練り、行政と民間の協力で解決できる体制を築いてほしいと願っています。

子供を育てたい人も沢山いるのです。

だれでも常識の影響を受けるのですから常識を確かめる権利もあるわけです。それも議論の必要性のひとつです。

4　「当たり前」とは

自由に議論できてこそ「当たり前」という感覚が生きてくるのです。その当たり前の感覚で政治が動いてこそ民主主義であるといえます。

「当たり前」という言葉は、だれでもしょっちゅう使っていますが、意味を意識して使っている人はいないかもしれません。

私の考えでは人間なら普通にできること、あるいは分かることです。「人間なら当たり前」という意味だと思うのです。

人間以外の場合は例えば、猫なら猫、犬なら犬というべきところです。猫が鼠を追っかけるのは「猫なら当たり前」というわけです。

人間を前提とする場合が多いので「人間」という言葉を省いているのです。

人間なら分かって「当たり前」。人間ならできて「当たり前」ということです。

人間は理を理解する能力があります。「理」に対し「当たり前」と反応する能力です。人間に与えられた能力と人間を取り巻いている自然、それが全ての始まりです。「なにが人間にとって当たり前か」それを真剣に考えなければならないのだと思います。「当たり前」の世界が人間の住める世界です。「当たり前」という言葉の中に人間性もあるのです。

社会認識は個人の認識を補います。自分ひとりだけの「当たり前」ではあまり意味がありません。議論の目的は、自分の「当たり前」と社会の「当たり前」を摺り合わせることでもあるのです。

社会の「当たり前」がみんなの「当たり前」です。このまとまりが悪いと社会の安定も悪いのです。社会が健全であってこそ議論ができます。逆にいえば、正しい議論が社会を健全に保つともいえるのです。

私たちには盲点があります。自分に見えていない部分は自覚することが難しいのです。議論はそれを補います。

知識を得る方法はいろいろですが議論は特別です。議論は感情も刺激します。それだけに影響も強いのです。

5 何が普通か

自分は宇宙の中で取るに足らぬ存在なのかどうか、それはだれにも分からないのです。いえることは、自分という意識があって世界があるということです。

自分の世界では自分が中心です。だれにとってもそれは同じです。自分という意識があるから世界が成立しているのです。

しかし、その自分は社会があって生きていけるのですから、社会と共存できなければなりません。

社会が社会として機能できるのは「常識」の範囲です。社会と「常識」は分けることはできないのです。

社会の問題は大変複雑です。だれでも社会に対しては権利と義務があり、その内容が即ち社会です。

「常識」が変わることは社会が変わることです。議論はその「常識」に影響を与えるのです。

自分の周囲に馴染めれば社会人というわけではありません。いろんな人と会話できるのが社会人です。

小学校や中学校で社会生活が始まります。算数や国語の知識は必要ですが、それと同時に、社会人としての常識を身につけさせることも大切です。それは、本人のためにも、そして社会のためにも必要なことです。

戦前には修身という科目がありました。為政者の考える道徳を国民に押し付けるものとして廃止されたのです。

しかし、道徳と常識は違います。常識を身につけることは、本人のためでもあるし社会のためでもあるのです。

もし、自信を持って教えることのできる内容が先生にあれば、自然に生徒に伝わるのかもしれません。ところがそれがはっきりしないので教えようがないのです。

やはり、議論の経験が不足しているのです。小さい頃から議論を通じて、自分の考えを鍛えてこなかった弱点が先生自身にあるのです

しかしそれは、先生の責任とはいえないのです。社会の欠陥です。

多数決は最後の手段です。多数決ではみんなが納得したとはいえません。大多数の人が納得できる議論を期待したいのです。

常識は守らなければならない約束ですから、子供にも教えなければなりません。しかし、何を教えたらよいのか、大人もはっきり分かっていないのです。これでは、教えることはできません。

何が普通か。普通が決まらなければ、それ以上も以下も決めることはできません。適当な基準は決めなければならないのです。

基本的な行動の様式が確立していることが大切です。それを参考にしながら行動できます。

授業の内容に問題はなくても常識に自信が持てなければ先生は不安です。

子供は学校へ学科を勉強しに行くだけではないのです。子供どうしの付き合いもあります。喧嘩もするでしょう。

子供どうしでも揉め事はあるはずです。そのときに先生はどう対処すればよいか、とても難しい問題です。先生が無関係でいられるはずはありません。

先生には権力が必要です。権力の使い方は学校と社会が了解ずみでなければならないのです。

先生の力で権力を持つことはできないのです。それを与えるのは社会の役目です。

学問だけで学校の秩序が保てるものではありません。学校も社会も、その点は同じです。秩序には常識が必要です。常識に権威が生まれた現象が、いわゆる社会ということになるのです。

その常識から権威を奪おうとしているのが仏教ですし、今なら哲学ということになるのです。

義務教育が世界中に普及し、学問による基礎的な知識は常識でもあるのです。

学問の基礎的な知識が常識になることは少しも困ることではありません。常識に厚みができることは心強いことです。しかし、学問で「常識」の全てをカバーすることはできないのです。

普通、社会では常識の必要性は認めざるを得ないのです。常識なしで社会には通用しないのです。ところが、学問が幅を利かしているところほど常識が無視される傾向にあるのです。

「常識」は人間の根っこです。ここがしっかりしていなければどうにもならないのです。「常識」はひとり一人にとって重大ですが、社会にとっても、なお重大です。これがあっての社会です。

「常識」と学問がしっかり握手してくれることを期待したいのです。

非常式というレッテルを貼られたらだれも相手にしてくれません。ところが、宗教や哲学ならそれができてしまうのです。

もともと、主張がなければ宗教も哲学も成立しないのです。人を感心させるような主張があるから始まるものだと考えてよいでしょう。

常識を否定するような主張でも、そこに「無限」というものが出てくると、だれでも圧倒されてしまうのです。日本の社会も仏教の考えに反対できなかったのです。

「常識」が権威を失うと、常識を主張しても相手はそれを認めないこともできるのです。仏教的価値観を社会が認めている以上、必ずしもそれを非常識と非難することはできないのです。

日本人が頭をペコペコと下げ、何事によらず「よろしく」と言葉を添えるのは、「常識的にやってください」という意味かもしれません。

人間性の基本は喜怒哀楽です。人間にとって一番大事な喜怒哀楽も、そのまま表に出すことは躊躇われます。正直に表現すれば馬鹿にされるかもしれないのです。

自分の感情は自分にとっては大事です。しかし、自分を主張する根拠が怪しくなれば素直な感情表現も自由にはできないのです。

感情を抑え、自分個人のことは取るに足らぬものだとする態度が奥ゆかしい、ということになっているのです。

6　武士の活躍

日本人が欧米の合理性を生かすことができた力のもとは、仏教渡来以前に培われた常識がものをいっているのです。縄文時代には既に成立していた常識の基本がものをいったのです。

明治維新のときもそうですが、第二次大戦後から今までの発展が可能だったのも同じ理由です。

ピンチになれば働くのですが、はっきり保証されているともいえないのです。このことが日本人に付きまとう緊張の原因になっているのです。

日本人は理屈と常識のせめぎあいの中で生きてきたのです。しかし、結局それが、常識の必要性と理屈の恐さを知るという結果になっているのです。

経験ほど強いことはありません。ただ、自覚できているかどうか。この、うやむやの状態から抜け出してほしいのです。

一足飛びが日本文化の特徴です。外国から一気に文化が流入するのです。１５００年前の中国との交渉、それと明治維新です。中国からは当時の先端的な文化が流入しました。明治維新では欧米からです。

日本の地理的条件が原因ですが、新しい文化にあこがれるのは悪いことではありません。また、能力があるから取り入れることもできたのです。

新しい文化は日本に刺激を与えました。しかし結果からいえば仏教は、日本人に被害をもたらしました。

中世、武士が仏教集団に負けていたら江戸時代も明治維新もなかったでしょう。日本を救ったのは欧米の合理主義です。欧米の合理主義で日本は近代化に成功したのです。日本人は合理主義には何の抵抗もなかったのです。

江戸時代は武士が政権を握っていたので仏教的な価値観は政治を左右することはできませんでした。

明治維新が可能であったのは武士が政権を担っていたからです。しかし、社会一般に浸透してしまった仏教的価値観の影響は簡単に拭えるものではありません。

今、世界の合理主義が壁にぶち当たっているのです。その壁は日本人が仏教で経験した壁と同じです。

この壁の意味を理解できる立場にいるのが日本人ではないでしょうか。

7　考える悩み

「無限」は、深く考えなければ問題になりません。純粋に考えることが目的になると「無限」と出会うことになるのです。そして、「無限」の意味を考えていると「当たり前」のことが「当たり前」でなくなってしまいます。

仏教的な価値観と普通の常識は同席することができないのです。同席すると必ず雰囲気が壊れます。

片方が優勢であるとみると優勢でないほうは姿を消します。どちらが通るかはそのときの雰囲気次第です。優勢なほうの雰囲気がその場を支配します。

ようするに、仏教的価値観と普通の価値観が議論しても結論は出ないのです。ただ雰囲気が壊れるだけです。

日本人はその場の雰囲気に合わす行為を無意識のうちに行っています。とても難しいことかもしれないのですが、いつの間にか習慣として身についてしまっているのです。

雰囲気に合わす行為は安易な迎合というわけではないのです。雰囲気が壊われると皆が迷惑するからです。そして、このことが分かって、やっと大人になれるのです。

雰囲気を左右する力を持てばボスかもしれません。ボスに逆らうとひどい目に合う虞もあります。孤立させられるかもしれません。


日本では「当たり前」が通ったり通らなかったりします。これは大変不都合なことです。日本人が緊張しやすいのはこれが原因だと私は思っています。

リーダーとボスとは違うのです。公の場で社会常識が十分働かない社会ではボスの存在が大きくなり権力者が出現します。

社会常識が普通に働く社会ではボスの存在の意味は格段に小さくなります。

8　原則

原則にこだわるのは悪いことではありません。原則は大事です。しかし考え方の基本に間違いがあると原則を決めることが難しくなります。

何事でも程度が大事です。どの程度が適当かということを議論しなければならないのです。ところが、程度を議論するところまで行きつけないのです。原則を決める段階で堂々巡りになってしまうのです。ようするに、中身のある議論ができないのです。

今、世界はひとつの経済圏という時代です。いずれの国も世界の秩序やバランスを頭に入れて行動する必要があるのです。

国家どうしの議論の必要性は急速に高まっているのですが、それに必要な基本的な認識を壊しているのが哲学です。

今、世界が求めているのは国際的な知性です。学問の持つ普遍性が世界の常識としての役割も担えるはずです。しかし、知識だけで議論ができるわけではありません。

「常識」が必要です。「常識」には感覚を共通にする力があります。「常識」には根があるのです。

「常識」は時間をかけて成立した価値です。「常識」という権威があって議論もできるのです。

世界がひとつの社会になるという文明の過渡期です。ここを無事に渡るには先導役である哲学の迷走を止めなければならないのです。

当たり前のことが通る環境づくりに貢献することが、世界平和への唯一の道です。

9　常識の幅

秩序や協力で得られる利益はとても大きいのです。社会を維持するために必要な約束は守らなければなりません。

しかし、そうはいっても、社会は個人の集まりですから、個人の幸福を犠牲にしたのでは何のための社会か分かりません。社会と個人は両立しなければならないのです。

社会は約束事で成り立っています。自分だけに都合のよいことはだれにでもありますが、約束は守る必要があるのです。

社会には法律があるのですが、常識に任されていることは結構多いのです。

普通、約束はお互いの同意で成立するのですが、常識に関してはだれかと約束したというものではないのです。しかし、社会が円滑に動くためには常識の役割はとても重要です。

「常識」の重要さは法律に劣るものではありません。むしろ、社会の性格を決めるのは

「常識」かもしれません。それぐらい「常識」は社会にとって基本的なものです。約束にもいろいろあります。規則として予め内容をはっきりしてさせておく必要のあるものと、そうでないものがあると思うのです。

決めておかないと不都合なことは法律として明文化されているのです。明文化されていない「常識」の内容は案外曖昧です。しかし、この部分は法律以上に大切なものかもしれません。

「常識」が納得のできるものであれば、だれでも生活に自信が持てると思うのです。議論は常識を確かめることであると同時に再検討することでもあるのです。

常識の内容に人間性が表れているのです。常識が権威を失えば人間性の価値が損なわれます。

10　公平

公平と平等は意味が全然違います。平等は善悪と関係ありませんが、公平のほうは善悪に関係する言葉です。公平な社会でなければなりません。

個人の立場から希望をいえば、社会を維持するための負担はなるべく小さく、恩恵はなるべく大きく、というのが理想です。

約束というものがあって善悪が生じるのですから、考え方や行動が正当であるかどうかは約束に照らしてということです。

約束に合う行動がとれることが「常識」があるということですが、「常識」がはっきりしなければ善悪もはっきりしなくなるのです。

善悪は個人で決めても意味がありません。善悪は社会が決めるのです。同じ善悪が通用する範囲がひとつの社会です。

法律の及ぶ範囲が国家ですが、その法律は常識の一部を成文化して成り立っています。

常識が成立しているから法律もつくれるのです。

今、世界はひとつの社会としての情報や経済の流れを持っています。しかし、まだひとつの社会としてのまとまりはないのです。

ひとつの社会として機能しなければならない環境にあるのに、それに対応できていないのです。

接触する機会があまりなければ問題も起きません。敢えて規則をつくる必要もないのです。

現状はその逆です。ひとつの社会という状況になっているのに秩序に必要な仕組みができていないのです。

世界がひとつの社会として機能するためにはそれを可能とする約束が成立しなければなりません。そのために必要なものが世界共通の価値観です。これがないと規則はつくれないのです。

どこの国にも法律や常識があります。だから秩序を保つことができているのです。その延長線上に世界があるのですから、共通の価値観といっても別に難しいことはないのです。

自然に成立して何の不思議もないのですが、その邪魔をしているのが、なんと哲学です。哲学が「常識」の権威を無力にしているのです。

常識が働かないということは社会の最大のピンチです。何とかして常識の権威を取り戻さなければならないのです。

11　自覚

社会が「論理逆転の現象」の意味と影響に気付いてくれることを願っています。まず、日本人が気付くべきです。「論理逆転の現象」の中で必死に生きてきたのが日本人の歴史です。

「常識」が働くか働かないかという肝心なことが、そのときの事情次第というのでは大変不都合です。早くいえば大変分かりにくい社会です。

偉いのは武士です。決して負けてはいなかったのです。しかし、理に従いたいという民衆の気持ちは大切です。

理屈と現実の相克のなかで生きてきた日本人の経験は生かされなければならないのです。根本、それは自覚です。個人にとっても必要ですが、社会としての自覚が必要な時代を迎えているのです。

生命の存在しない宇宙は無意味です。意識があるから意味も生まれます。物だけでは何の意味もありません。

意識は物質ではありません。自分という意識は物ではないのです。個性です。個性の意味を物質で説明できるでしょうか。

自分の意味についてはだれも答えることは不可能です。生命現象の中心である自分という意識の由来はだれも説明できないのです。

どんなに科学が発達しても、この問題が解けることはないでしょう。

唯物論には人間の個性の入る場所はありません。唯物論からはどんな自覚も生まれようがないのです

理というものが人間と別にあるのでなく、人間が存在するから理も存在するのです。理は人間の一部です。人間が「当たり前」と思えることが「理」です。

理は人間にとって道しるべでもあるのですが、観念だけで考えを進めようとすると、いつの間にか逆転のコースに入ってしまうのです。

原点は自分です。自分という存在は肉体と精神で成り立っています。肉体だけでも意識

だけでも存在はありえないのです。

観念だけ、あるいは物だけでは意味のある世界にならないのです。

死んでしまえば肉体が滅びるのですから精神もなくなります。しかし、「自分という個性はどうなるのだろう」と、だれでも考えるのです。でも、そこから先は神様にお任せする以外にないのです。

生物はその持って生まれた能力と環境に生かされているといえます。人間には社会があります。社会の可能性が人間の可能性です。

社会は人間が意識して創ったとはいえません。しかし、ここから先の社会には人間にも責任があるように思うのです。

科学技術の力で人間の可能性の展望は大きく広がっています。道具はあるのです。しかしそれを使う人間のほうに用意はできているのでしょうか。

12　科学の限界

医学の進歩はありがたいことです。遺伝の研究も進んでいるようです。それにしても、人間の命は長生きしても１００年余りです。

平均寿命は延びているのですが人間の寿命が延びているともいえないのです。怪我や病気には方法も手段も考えることができますが、寿命の問題は解決しにくいのです。ドッグイヤーという言葉があります。犬を見ていれば寿命の意味が分かります。人間にも寿命のあることは同じです。

私たちは自分が死ぬということは余り考えません。考えたくないことは考えないのです。逆に、分からないことでも空想で埋めて説明するということもします。太陽は東の空から毎朝顔を出します。地球が丸いということが分からなければ説明できないので、夜の間にだれかが運ぶのだろうと考えたりするのです。

分からない部分を想像で埋めると、とんでもない答えになってしまいます。昔の人の世界観は今から考えると突拍子もないものです。

一部の人がそんな間違いをするのでなく、突拍子もない答えがその当時の社会的認識だったりするのです。

そんなことを信じていたのかと不思議に思う人も多いと思います。ところが、今も、あまり変わりはないのです。その例がビッグバンです。

ビッグバンはありえないことです。地球が宇宙の真ん中でなければ成立しない理論です。分からないことでも想像するのは自由ですが、想像であることを忘れないようにしなければなりません。


人間の寿命には限りがあります。１００歳まで生きても長生きですから、１万年は永い年月です。まして、億という年月などは生活に関係ないのです。

ロマンは感じます。知識はあるほうがよいのですが足元を片付けるほうが先決です。

現実をどう理解するか、ここが大事なところです。出発点がぶれていたら的を射ることができないのです。

13　視点の確立

「議論とは理屈をいうことである」では何も生まれません。感覚を度外視すると理屈になります。しかし、その感覚が同じでもないわけです。それを補うのが「当たり前」という感覚です。

「当たり前」という感覚が「理」の始まりですが、理を言葉で表現するのは簡単とはいえません。

個人を起点とした考え方と社会を起点とした考え方のバランスを考えるのも議論です。意見のない人はいないと思いますが自分という立場をどう考えたらよいか、社会と個人の関係がはっきりしないのでは意見がいえないのです。

欲望について議論しようとしても、良いか悪いかというところで堂々巡りになってしまいます。先へ進めないのです。

自分の権利が、どこまで認められるかということに、社会の同意があるといえません。

立場がはっきりしなければ議論も曖昧になります。社会一般の欲望についての考え方が曖昧では、自分を語ることができにくくなってしまうのです。

欲望を否定することができるでしょうか。欲望がなければ生きていくことはできません。生命があるということは欲望があるということです。抑制は必要なときもありますが生きている以上、欲望を否定することはできないのです。ところが、その「当たり前」としか考えられない欲望を否定しているのが仏教です。しかし、そうした経験も無意味ではなかったのです。第二次大戦後、共産党を選ばなかったのが、その証拠です。日本人は分かっているのです。なんとなく分かっているのですが、はっきり自覚できているかは疑問です。

「論理逆転の現象」の意味を一番理解できる立場にいるのが日本人ではないかと思います。虚無から世界を救えるのは日本人です。

学問の、いわば舵取り役でもある哲学が虚無を肯定するという、ありえない事態になっているのです。まさに文明の危機です。

哲学の主張が正しいならば、それこそ夢も希望もないのですが、幸いというか、それはとんでもない錯覚です。しかし、錯覚であることに気が付かなければなりません。

私が中学生にもなっていない子供の頃、何がきっかけか忘れましたが「無限」という意味を考え始めたのです。

「無限」という立場から考える限り現実に起こっているもろもろの出来事に意味を見つけることは不可能です。

この問題は私を苦しめました。夜、苦しい夢を見るようになってしまったのです。

最初は原因が分かりませんでしたが考えていることが原因であると気が付き、必至になって他のことへ気を紛らわす努力をしたのです。

もっと、大人になって知識や抵抗力が付いてから改めて考えようと思ったのです。

大人になってもこの問題は解決できなかったのですが28歳ぐらいのとき、「無限なんてあるのか」とつぶやいた独り言が、求めていた答えであったのです。

「そうか、そうだったのか」。これがそのときの実感です。

私の疑問は解決したのですが、今度はその答えを、人に理解してもらうことが容易でないことが、だんだん分かってきたのです。

だれもが「そうか、そうだったのか」と反応すると思ったのですが、そうではなかったのです。

それにしても、自分だけ納得できればよい問題とは思えません。どうしても多くの人に理解してもらいたい、という気持ちはむしろ、だんだんと強くなったのです。

14　哲学の歴史

哲学には輝かしい歴史があります。その栄光は消えるものではありません。

哲学にとって必要なことは原点に戻ることです。そして感覚を取り戻すことです。

秩序の根本は善悪に対するけじめです。体重は計りに乗れば分かりますが、罪の重さを計る機械はありません。善悪の問題は機械的に判断できる問題ではないのです。

法律はあっても最終的な決定までは簡単といえません。国は、犯罪者の罪を決めるのに大変な手間と費用をかけています。

最終的には裁判官の判断です。しかしそれも、社会の常識と乖離することは許されないのです。「常識」の果たしている役割の重要さが分かります。

神秘の世界からそのままの形で姿を表わしているのが電気と光です。

「こんなことができるのか」といった現象が次々と実現しています。電気や光線の持つ可能性は「当たり前」の感覚を超えているのです。

科学技術の発達で「当たり前」という感覚を忘れがちになっています。電気の可能性はありがたいことかもしれません。しかし、社会を守るためには素朴な感覚も大事にしなければならないのです。

悪魔に魂を売る「お話」があります。電気の便利さで「当たり前」の感覚を忘れがちですが、この感覚を忘れることは悪魔に魂を売る話に似ています。

電気がいかに便利でも、忘れてならないのは人間性です。

社会で「当たり前」と認められたことが「当たり前」で通ることになるのです。その「当たり前」を積み重ねていくのも議論です。

正しい常識はみんなの宝です。常識に合わす努力は自分の感覚の偏りを訂正することにもなります。

感覚には刺激が必要です。自転車のハンドルと一緒で絶えず微調整しなければいけません。それが議論の役割でもあるのです。

今の世界の状況は微調整ですむ状態とはいえないのです。このままでは、こけてしまいそうです。

日本には、全国的に仏教に熱中した時代があります。そういう時代を経て、いつの間にか仏教的価値観が普及したのです。

政治は不可能となりました。合意による政治は難しくなり、武士が活躍することになったのです。

結果的にいえば武士の活躍は政教分離の実行であったのかもしれません。

日本は仏教の影響を強く受けました。しかし、それは日本だけのことです。それに比べると今の哲学の持つ影響力は比較になりません。

哲学が立ち直ってくれることが一番ありがたいことです。それを願っています。

15　欲望が原点

議論の原点は欲望かもしれません。欲望にブレーキは必要ですが、欲望はあって当然です。悪の原因と考えてはいけないのです。

欲望は社会発展の原動力です。否定したのでは議論にならないのです。

「皆が自分の都合を主張すれば社会は成り立たないのではないか」と心配する人もいるかもしれません。

自分の都合だけで行動すればアウトローです。しかし、自分の都合を口にすることはかまわないのです。自分の都合を口にできなければ議論の意味がないのです。その上で、決まった約束事は守るというのが基本です。

税金と同じです。払わないほうが自分には都合がよくても、そうは行かないのです。

ただ、負担は公平でなければなりません。公平な手段を見つけるために議論するのです。

議論ということになると理念が幅を利かすのです。感覚でものをいってはいけないという先入観があるのかもしれません。

自分のためということが、なかなか認められないのが日本の社会です。自分の利益のために議論しているのではない、という立場をとらないと正当と見なされないことが多いのです。

理念を前提とするような議論はそういうことになってしまうのです。

16　目的と手段

人間には理に適った行動を取りたいという願望もあるのです。目的と行動に整合性が必要です。

社会的な行動には議論が必要です。議論が成立して社会的行動が可能となります。協力できる人数が多くなるほど可能性も大きくなります。政治がその見本です。社会にとって一番大事なものは政治です。

しかし、人数が多いほど合意を成立させるのは難しくなります。合意を獲得する技術も必要でしょう。しかし、大本の考え方は議論以前の問題です。「当たり前」のこと、これです。

合理性といえば学問ですが合理性だけで議論ができるわけではないのです。「常識」という土台があるからできるのです。

大本の考え方が「常識」というわけですが、その権威がおかしくなりかけているのです。

一旦成立した「常識」はなくなることはないでしょう。しかし、「常識」には権威が伴なわないと意味がありません。権威のある「常識」が存在しているから社会といえるのです。

いつの場合も議論の目的は人間で、理は手段です。目的は変わることはないのです。「人間」という目的は変わらないので、かえって、目的である人間を忘れてしまうのです。「常識」を外すことはできないのです。それは、人間を外すことになるからです。

17　哲学と方向

各国で常識として認められている考え方をベースにして普遍性を考えるべきです。既成の「常識」の個性的な部分と、普遍的な考え方の間に理解が成立すれば、どちらも正しいと考えることができるのです。世界的な常識に権威が伴うようになれば、それぞれの国の「常識」にも良い影響があるでしょう。

科学技術が大きな存在となり、社会全体が理論に頼る形です。理論哲学という言葉があります。この言葉が哲学の間違いを端的に表わしています。哲学は科学でしょうか。科学のことなら理論で解決するかもしれませんが哲学は違います。哲学の役目は人間の願望に方向を示唆することです。

知識が学問という形を持てたのは哲学の影響があると思うのです。人間に方向をあたえたのです。ところが、今の哲学は方向を失っています。

人間としての方向感覚から始まったのが哲学だと思うのですが、それを失っては哲学といえません。

電気は魔法使いのようなものです。電気や光を利用すると、「当たり前」とは考えられないことでもできてしまいます。電気や光の持つ超能力のために、人間に備わった「当たり前」という感覚の意味をだれも自覚できなくなっているのです。

常識を無視する傾向は時代の風潮です。しかし、ここで頑張ってほしいのです。学問と常識をしっかりつなぐのが哲学のほんとうの役割です。

今、直ぐにでも必要なものが「世界共通の価値観」です。それがなければルールもなかなか決まりません。

人間に、進むべき方向を教えてきたのが「理」ですが、今、「理」そのものが道を失いかけているのです。

神秘といえば、自分という意識が一番神秘です。意識があるから世界があるのですから、それぞれが自分の世界を持っているのです。

自分の世界では自分が中心ですが、社会の中では自分が中心というわけにいきません。社会があるから生きていけるのですから社会を無視することはできません。社会の在り方が私たちの運命を左右するのです。

社会の在り方を決めるのは政治です。今は民主主義の時代です。民主主義のキーポイントが議論です。

議論はだれでもできるのですが意味のある議論ができるとは限りません。

道理という広い道に世界中の道がつながっていなければならないのです。

幹線道路が整っていないと遠くに行くことはできません。幹線道路から自分のところまで道を通じさせるためには議論が必要ですが、それも幹線道路があってのことです。

鳥は羽があるからどこへでも飛んでいけます。しかし飛ぶ能力だけではなく方向を知る能力も必要です。鳥にはその本能も備わっています。

人間の場合は、理に「当たり前」と反応できる感覚です。この能力で方向を捉えるのです。

18　感覚と科学

精巧な天体望遠鏡は銀河系以外の星の情報までもたらします。桁違いの遠方にある星の情報まで、まるで目の前にあるように写真入で報道されたりするのです。とても人間の生の感覚の出番はないような気分になってしまいます。

人間の感覚の代わりをする器具がいろいろ開発されています。しかし、どんな器具がつくり出されても、元になる生の感覚の必要性は変わりません。それがなくなればどんな器具も意味がなくなるのです。それにしても、あまり実感から遠くなると感覚の働かしようもなくなるのです。

学問として認められていることは感覚抜きで受け入れてしまいます。

天文学などを例にとると、ほんとうかなと、思わず疑ってしまうようなこともあるのです。

地球上での出来事と違って宇宙観測となると距離が全く違います。

観測の対象が星の場合、見えている星までの距離はまちまちです。ということは、望遠鏡で現時点の光景を見ることは不可能ではないかと思うのです。隣の太陽系までの距離でさえ光の速度で何年もかかるのです。同じ銀河系の星でも、光の届く時間はそれぞれ違います。

地球上ならば、目に映る物と物の距離は光のスピードから見ればほとんど、ないに等しいのですから、今の光景というものが成立しているのです。

私たちが眺める星の位置は「今の光景」といえるでしょうか。宇宙では今の光景というものを、目で見ることはできないと思うのですが。

また、有名なビッグバンのことです。宇宙は膨張しているといわれています。遠方の星ほど速いスピードで地球から遠ざかっているといわれています。

地球が宇宙の真ん中にあるのならそういうことも考えられないことではありません。「何かを前提に考えるとこうなる」という話はいくらでもあります。単なる予想のしかたのひとつです。しかし、必ずそうなると決まったものではないのです。

ビッグバンの場合「地球から遠方の星ほど地球から速いスピードで遠ざかっている」と

いうのが根拠です。

早くいえば、その根拠が信じられないのです。何故かというと、地球が宇宙の真ん中にあるとは思えないからです。

学問を信用することは当然のことですが、「当たり前」という感覚も大事にしたいのです。いくら科学が発達しても、生の感覚は大切にしなければならないのです。

理を正しくたどることは案外難しいことかもしれません。うっかりすると肝心の人間を忘れてしまいます。

理論に比べると人間は不完全に見えるかもしれません。しかしそれは本末転倒です。理論は現実を単純化しているのです。理論の材料は架空のブロックです。完全というよりも完全でしかありえないのが理論です。

人間の目的は人間性の拡大です。常識の枠を広げることができれば、それだけ人間の可能性も大きくなります。

社会の在り様で人間性の枠も決まります。

19　虚無は社会の敵

虚無こそ悪の温床です。虚無は社会の敵です。あらゆる可能性を潰してしまうのです。虚無は、あらゆる意味を否定できる魔法で杖です。

哲学の役割は重要です。早くいえば議論の司会者のような立場です。「人間は議論する動物である」といえるかもしれません。

哲学の立場は現代の扇の要にもあたる重要な位置です。その肝心の哲学が方向感覚を失ってしまったのです。

何を考えるにしても人間という前提は外せないのです。それも、人間というだけでも不十分です。存在するのは自分という個性です。

ヒューマニズムは人間主義と訳されています。人間を大切にする考え方で私も大賛成です。ただ、自分を犠牲にして他人に尽くすのでなく、自分も含めて人間を大切にすることだと考えています。

何をするにしてもある程度、先のことを予測しなければなりません。共同事業ならなおさらです。

議論を十分に行った上で行動すれば結果的には正しい方向に向かうことが可能です。支え合えるということは単純なことではありません。支えるにしても支えられるにしても信頼関係がなければ成立しないのです。別の見方をすれば、支え合うから信頼関係が生まれるのかもしれません。

血のつながりや地域、そして組織など、つながりの根拠はいくつもあります。そのどれも重要でないものはありません。しかし忘れてはならないのが社会です。

社会がもたらしている機能に無関心ではいけないのです。社会に対する権利と義務は人間にとっての基本です。教育の意味もこの点にあるといえます。

人間が生きていけるのは条件があってのことです。社会は重要な条件です。

社会全体の問題は個人の力ではどうしようもないのですが、自覚次第では動かすことも可能です。

「当たり前」のことが「当たり前」で通る社会でなければなりません。住みやすい社会はみんなの自覚次第です。

押すのでなく皆が乗って走れるような、そんな社会を目指すべきです。

信頼できる社会であることが一番安心につながります。

20　大学の姿勢

今、大学は政治についてどのような教育をしているのでしょうか。

民主主義の時代で一番守られている地位のひとつが大学教授です。その自覚を持ってもらいたいものです。

利益がなければ存在価値はありません。大学の目的は社会全体の利益です。そのことを真剣に考えてほしいと思っているのです。

学問が信頼されていることは勿論良いことです。学問の必要性を否定する国はありません。

そして、学問のメッカは大学です。国民の理性ともいうべき存在です。

大学紛争が起こった当時、大学教授で共産主義を支持していた人は沢山いたのです。

大学がそんな状態でも日本全体では共産党を支持する人は多くはなかったのです。

日本人はイデオロギーに対して抵抗力のあることが分かります。しかしそれを、はっきり意識できているともいえないのです。

やはり、大学が先頭に立ってイデオロギーに対抗しなければならないのです。そうなれば社会の方向も変わるでしょう。

21　ゼロ×無限＝？

人が生きている以上、確率の低い事件でも出会う確率はゼロではないのです。しかし、ゼロでないなら可能性があるのかというと、そうともいえません。

生存期間に限りがなければゼロでない以上どんなに確率が低くても遭遇する可能性はあります。しかし、人の人生は長くても１００年余り。１００歳まで生きる人は稀です。人生に限りがある以上、確率があまり低いと遭遇するとはいえなくなるのです。ゼロではないというだけです。

ある程度確率が低ければ、実際上は無視するのが正しいのです。要するにゼロと同じ扱いをしてもよいのです。

確率がゼロでなくてもゼロと同じ扱いは現実にはいくらでもあります。しかし理の世界は違います。「ある」と「ない」を、はっきり区別しなければ使えないのが理論の世界です。

１を無限に分割する。あるいは、ゼロを無限に足す。この場合、どうなると考えるのが正解でしょうか。

まず、１を無限に分割することを考えると――

どんな数字で割ったとしても、割った数字をかければもとの数に戻るのですから、ゼロにはならないと思うのです。しかし、無限で割るということはゼロになるまで続けることだと解釈して、ゼロになったとします。そうすると、ゼロを無限に足せば１になることになります。

なんか、これで辻褄は合っているようにも思えます。ところが、１を無限で割ってゼロになることを認めれば、10も１００も無限で割ればゼロになる、ということを認めなければならないでしょう。

ゼロを無限に足すと１になるなら、それは10にも１００にもなる、ということを認めなければならないのです。

このことから、無限を数字と同様に扱えば数の大小の意味がなくなる現象を理解して頂けると思います。

無限で割る行為も無限に足す行為も、実際は不可能です。

私たちは日常、「無い」という言葉をよく使います。そのとき、「無い」は相対的な意味か、否定です。

「無限」も同じです。実際に無限大というモノに出会うことはないのです。

おとぎ話の世界であれば、実際には存在しないものでも登場するのは自由です。理論の中ではあらゆるものが抽象化されていますが、その元は存在しなければなりません。理論の中に現実に存在しないものを入れてはいけないのです。そこが理論の理論たる所以です。

架空の世界が悪いというのではないのです。しかし、理論と空想の世界は区別する必要があるのです。

数学の世界は人間が創りだした世界です。しかし、有限の世界を模しているから現実の場でも役に立つのです。

「無限大」という言葉にあるのは意味だけです。物としての実物はありません。

哲学がおかしくなれば人間は真っ直ぐ立っていられないような感じさえします。重心がなくなってしまう感じです。哲学とはそういうものです。

このままでは哲学の影響は世界中に浸透していくでしょう。

哲学の考え方が正しいのであれば、それも仕方がないと諦めるよりないのです。ところが、そうではないのです。

22　哲学的疑問

「自分という意識の由来」「宇宙や時間の限界」。人生にある根本的な疑問です。哲学が他の学問と違うところは、合理的に判断できる問題だけではないということです。何もかも自然に任すのであれば考えなくてもよいのですが、考える力がある以上、考えざるを得ないのです。しかし、哲学の問題は、理論では解決しないということです。

自分の存在であらゆる現象に意味が生じるのですが、その自分の必然性を合理的には説明できないのです。宇宙や時間の限界も同じです。

自分の存在の意味を宇宙規模で考えたいと思ってもそれは不可能です。しかし、だから人生は無意味であるということにはなりません。

23 「有限」の枠

神秘の世界を動かしている神の意に適うにはどうすればよいか。これは宗教の動機です。純粋に理を追求する場として数の世界を考え出した。これは数学です。どちらも観念の世界ですが、生活と密接なつながりを持っています。生活の道具として必要なものです。

哲学は生活の道具とはいえないのです。哲学が目指すのは実用性というより普遍性です。哲学には希望や夢があるのではないでしょうか。社会に余裕ができたから哲学が必要になったのです。

人生や価値の普遍性について考えることが、間違っているとは思えません。哲学の誤りは理論に偏り過ぎたことです。

理を追求しているつもりが、いつの間にか理のない世界に迷い込んだのです。「無限」という淵に嵌まり込んでしまったのです。

理は人間の道標です。大いに活用すべきですが、有限の枠の外へ出れば無意味です。

考えるという行為は感覚のひとつかもしれません。人間という立場があって理もあるのではないでしょうか。

私たちが生きている現実（有限）の世界以外に、別の世界がないとはいえないのです。しかしそこは理の入っていけない世界です。関心はあっても確かめようがないのです。神の存在を否定することはできません。しかしその実体を掴むことはできないのです。神をどんな風に定義しても、それは正しいとはいえません。なんらかの合意は必要であるとしても、定義まではしないほうがよいのでしょう。人間の行動や考え方に必要のない壁をつくってしまいそうです。

学問や科学の発達で合理的に政治が動くように制度が整っていることは喜ぶべきことです。ところが今、社会を支える「理」そのものが「無限大」という壁に行く手を阻まれているのです。

限りのない価値まで求める必要はないのです。有限という枠はあっても可能性はいくらでも広げることはできるのです。

24 「常識」の価値

人間の社会は自然に出来上がったものかもしれません。しかし、ここから先、社会の意味を自覚しないと前へ進めないと思うのです。

数学の公理は説明なしで認められています。人生の理の根本も同じです。「当たり前」と感じることのできる能力が理の始まりです。

感覚が出発点ですから調子が狂うこともあるのでしょう。あまり考えすぎると「当たり前」が「当たり前」でなくなるのです。

最も人間的なものは愛と知性でしょうか。しかしそれも、生きることの心配がない状態でいえることです。社会というものがなかったら愛や知性といっていられません。生きることに精力を出し切っても難しいかもしれないのです。

学問は社会の財産ですが、社会の秩序を支えているのは「常識」です。

社会が社会としての機能を持つためには「常識」が成立しなければならなかったのです。社会と「常識」はひとつのものです。社会と常識は分けることができないのです。

法律がなければ社会といえませんがその法律も、「常識」があるからつくれるのです。そんな大事な「常識」の元は「当たり前」という感覚です。この感覚がなかったら社会もなかったのです。

当たり前のことはどうでもよいことでなく大変重要です。

生まれてきた以上、社会を認めないわけにいきませんし、逆にいえば社会に認めてもらう必要もあるわけです。

「常識」は約束です。常識を認めることが社会を認めることです。そして、それが社会から認められる条件でもあるといえます。

常識が地域全体を包んでいて、それを社会と認識しているのです。普段、普通に行っている行為も社会が正常であるからできるのです。

人間が常識を支え、常識が人間を支えています。それが社会です。

25 「当たり前」を取り戻す

常識に従うのが一番間違いのない道ですが、その常識が正しいと決まっているわけでもないのです。

まともな道を進んでいるつもりが後から見れば、そうではなかったということもあるのです。

権威を参考にするのが間違いのない道ですが、その権威も間違うことがあるのです。哲学がその見本です。

試行錯誤は仕方ないのかもしれませんが、科学的なアプローチだけで人間を理解することは不可能です。また、幸せもありません。

学問という形から政治行動を起こしたのは共産主義が初めてかもしれません。それがとんでもない間違いであったのです。

学問の普及で人間の知的レベルは上がっているはずですが、その学問にも弱点があったのです。

善悪が発生する根拠は社会にあります。社会に対して正しい認識を持つことが善悪を判断する根拠になります。学問には社会に対する認識に欠けるところがあるのです。

常識を破ることは反社会的ということになります。ルール違反に対して罰則は必要です。反社会的行為にもピンからキリまであります。ちょっと注意すればよいことから刑務所行きまで、ということになります。

罰則にしても皆の納得できるものでないといけないのです。納得の根拠になるのが「常識」です。

感覚の代わりをする器具はいろいろありますが、「当たり前」と感じる能力の代わりはありません。

「当たり前」という感覚自身も社会から影響を受けます。ようするに、常識と社会とは相関関係です。

この能力は人間だけが享受できるのです。これを大事にすることが人間の尊厳を守ることになると思うのです。

人間を否定するような考え方から有益な合意は生まれようがありません。人間が人間を否定する。不思議といえば不思議です。議論できないどころか社会まで否定しなければならなくなります。どこからそんな考えが出てくるのか。その不思議なカラクリが、「無限」という意識に対する認識の足りなさから始まっていることを理解してもらえたでしょうか。理が崩れるということは人間が崩れることと同じです。

基本的な約束事が守られるためにはその約束に権威がなければならないのです。「常識」には罰則はありませんから、「常識」に権威がなければ無視されることもあるわけです。権威があって働くのが常識で、罰則によって守られるのが法律です。

議論が成果を生むためには基本的な約束事が成立していなければなりません。それが共通の価値観を生むのです。

「常識」は常に新しい状況に適合しなければなりません。だから議論が必要なわけです。人間自身は変わらなくても社会は変わります。その変化に適応するためにも議論は欠かせません。


日本の社会では自分の利益は主張しにくいのですが、団体のエゴならその分、大きくなるのでしょうか。団体の規模も大きくなるほど周りに反対する人は少なくなり、エゴはどこまでもエスカレートします。

特に、国益に関することには敏感に反応します。程度に差はあっても、この傾向は万国共通です。

軸足を共存共栄に置いて対処しなければならないのです。話し合いを望むなら相手の利益も考えなければなりません。

合理的な行動を続けることが相手の信頼を勝ちとる唯一の手段です。

第四部

1　食糧自給率

日本にとって貿易は重要です。貿易は国を豊かにします。

日本は多くの工業製品を輸出しています。しかし、原料などは輸入に頼ることが多いのです。

食糧なども輸入します。

「食糧自給率が低いので輸入できなくなれば途端に困る。自給率を高めておくほうが安全である」。

こんな意見を新聞や雑誌で目にします。私は、自給率の低いほうが安全ではないかと思っているのです。

天候は保証されていません。生産は広い範囲に散らばっているほうが安全です。

生活が懸かっているのは輸入するほうだけではありません。輸出するほうの立場も考えなければなりません。

沢山の国と関わりを持っているほうがむしろ安全ではないかと思うのです。輸出するほうも生活が懸かっているのです。

従来の考え方にとらわれず、平和への具体的な貢献を考えるほうが実際的です。

しかし、問題はあります。外国からの輸入で日本の農業は採算を取ることが難しくなっています。

小さな村は人が住まなくなり、放棄される村まで出てくる始末です。美しかった里山も使い道がなくて荒れています。

木材は輸入したほうが安いので、山も中途半端な状態で放置されています。山や山の近辺をどのように管理すればよいか、長期の見通しが必要です。

住んでいる人が少ないと生活がしづらいので余計に人口が減るという悪循環です。

2　自給自足

日本の山の特徴を生かして、自給自足を体験できる場所として活用する方法など考えられないでしょうか。

現代のように文明の発達した環境では生活は自然環境と遠ざかるばかりです。

非文明的な自給自足を体験したい欲求は若者に広く存在するのではないでしょうか。積極的な欲求からとは限らず、現実からの一時的な逃避としても非日常生活を体験したい欲求はあるのです。

安全で、いつでも、もとの生活に戻ることが可能ならば、若者ならずとも一度は経験したいことかもしれません。

自給自足に近い体験は文明の意味を実感するためにも必要なことかもしれません。日本の山はそうした体験ができる場所としての条件に恵まれています。

どのような場所をどのように整備すればそれが可能であるか。私に具体的な考えはありません。これこそ全くの思いつきです。

ただ、実現すれば今までになかった新しい山の利用方法になります。
成功すれば日本の魅力のひとつになり、世界中から若者がやってくるかもしれません。

3　万国共通の手話

国際交流については言葉の違いが大きな壁です。手話を覚えれば言葉を使わなくても会話が可能です。

手振り身振りですから手話は万国共通かというと、それがそうではないのです。言葉以上に地域で違うというのが手話です。

もし、万国共通の手話があるならば、例えば小学校のときに覚えておけば、どこの国の人とでもある程度、話が通じることになります。手話がどこでも通じれば耳の悪い人も安心して生活できます。

万国共通の手話が開発されれば、世界の壁は随分低くなると思うのです。

手話には世界共通のものとなる条件が備わっているのです。

手話は耳の悪い人のためにあるという先入観のために、かえって発達が妨げられているのです。

手話が万国共通のものになれば耳の聞こえない人は勿論のこと、耳の聞こえる人にとっても覚え甲斐があるのです。

万国共通の手話が開発されることを望んでいます。どこへ行っても、ある程度意思が通じると、とても便利です。

私は手話を習いかけたことがあります。しかし、簡単には覚えられないのです。耳の悪い人には必要性から身に付くのでしょう。結果的に耳の聞こえる人に手話のできる人は少ないのです。

新しい手話の開発は、手話に知識と経験のある人でないと難しいと思います。

どの国の手話にも文字を表わす手話があるのですが、万国共通ということになると文字を使わない工夫が必要です。

また、どこの国の手話をベースにしなければならないという制限はないと思います。

4　足利事件

善悪にけじめをつけることは社会の責任です。

人の罪を裁くという仕事は責任の重い仕事です。そのために裁判も一審、二審、三審とあり、万が一にも間違いのないように仕組みができています。

足利事件は1990年に起きた殺人事件です。犯人として無期懲役が確定していた人が無実であったことが分かりました。

当事者である菅家利和さん。一旦は自供したのです。その後、自供は事実でないと検事に告げたのですが、それは信じてもらえませんでした。

なぜ彼はやってもいないのに自供したのか。疑問に思う人が多いのではないかと思います。彼は「やったといわないと殴られるような気がした」と答えています。

殴られるような気がしたということは、殴られて自供したわけではなさそうです。

殴られそうになるぐらいで殺したなどと嘘の自供をするものではないと思うのです。

彼が嘘の自供をしたのは、逮捕されている彼の周りにいる人が皆、彼を犯人と信じきっていたことが原因です。

犯人でないことを知っているのは菅家さんだけです。ほんとうのことをいっても嘘つきと思われるだけです。人を殺している上に平気で嘘をつく男、と思われているのです。嘘でも自白すれば周囲から少しは人間扱いしてもらえます。

物証から判断すれば警察が菅家さんを犯人と思い込む理由は十分あります。状況から見て犯人の可能性がある上、犯人の遺留物と菅家さんのＤＮＡが一致しているのです。その間違う可能性は何百分の一というのですから犯人と信じきった周りを責めることはできません。

このことは被疑者には大変な重圧です。菅家さんは運が悪かったのです。検事に落ち度はなかったと思います。絶対に間違いのないようにはできないのです。

その後、ＤＮＡの一致がさらに精密に分かるようになり、本人でないことが科学的に証明されたのです。結局、菅家さんは運が良かったのです。

謝ってほしいと要求された検事は謝らなかったのですが、無理もありません。

菅家さんも、検事のせいであると思うと腹が立ちます。だれが検事であっても同じことかもしれません。

初めに精密な技術があれば、こんなことにならなかったのです。むしろ、ＤＮＡが一致しないことが明らかになったことは菅家さんには大変な幸運といわなければならないのです。

裁判に間違いがあっては困りますが、百パーセント間違いのない裁判は不可能です。殺人という犯罪がある以上、死刑をなくすこともできないでしょう。人が人を裁いてはいけないということになれば秩序を保つことはできません。

5　ボランティア

ボランティアを始めても直ぐ止めてしまう人が多いのです。時間や経済に余裕ができ、人のために何かしたいとボランティアを始めても長続きしないのです。犠牲ばかり強いられたら、だれでもやる気をなくすのです。

人を犠牲にするのはよくないことです。自分が犠牲になっても、他人を犠牲にしても、それはよくないのです。

社会は、個人の利益と社会の利益の一致する方向に広い道を用意する必要があります。だれでも自分のことは大事です。しかし、他人のことも考えている人は多いのです。ボランティアを志す人が多くなることは社会を暮らしやすくします。ボランティアを始めた人を失望させない工夫が必要です。

ボランティアを考える人は余裕ができたのです。それを人のために役立てようというのです。

ボランティアを受ける側に代金を支払う余裕はないのですが、それを承知で時間と労力を提供しようというのです。当然、お返しは当てにしていないのです。しかし、何らかのお返しがあれば、だれでも嬉しいのです。

そのお返しは社会が考えなければならないのです。

ボランティアが増えれば結果的に弱者を救うことになります。

あとがき

社会があるから人間としての生活が可能です。社会を犯す行為に対しては戦わなければなりません。ただ、どんな行為が社会を犯しているのか、それが問題です。

民主主義を成功させるポイントは議論です。いろんな立場からの綿密な議論が必要です。意見があればだれでも参加できることが基本といえますが、議論で一番大事なことは意見がまとまることです。

議論すれば答えが出てくるというものではありません。まとめることがむずかしいのです。その意見のまとめ役を、選挙で選び出せるのが民主主義です。

法律に問題があれば改めなければなりません。しかし新しい法律が、また別な問題を引き起こすことがあります。

問題の全体を把握するためには表面に現われた現象だけでなく、いろんな角度から検討しなくてはならないのです。十分議論を尽くさないで規則を変えると、それがまた新たな問題を引き起こします。

国内の問題でも議論をまとめることは簡単とはいえません。今、世界は、人間の営みが地球に与える影響を無視できない状態になっています。しかし、議論がまとまらなければ対策を立てることも、実行することもできないのです。文明は先細りになり、袋小路に入ったみたいに先が見えないのです。

よりよく生きるとはどういうことか。人間には、可能性を追求する権利はあるのです。あるいは、それは、義務かもしれません。

私は、みんなで歩ける広い道があることを証明するために、その道を自分ひとりで歩いているのです。この道からでなければ見えない景色があるのです。その説明をしているつもりです。

書き続けるという行為は勉強になります。自分では分かっているつもりでも、曖昧などころがあればそこで止まってしまうからです。

議論は継続性が大事です。実のある議論は積み上がっていくものです。議論は社会的な行為ですが、議論に参加するためには立場が必要です。立場もいろいろですが、その最も普遍的な立場は自分という個人です。表面にあらわれなくても、議論の主役は社会と個人です。

【著　書】

『日本の理想－楽しい議論の出来る国に－』（2003年7月）

『世界の壁－この本を読めばだれでも議論したくなる－』（2008年10月）

民主主義《みんしゅしゅぎ》を成功《せいこう》させよう　—「当《あ》たり前《まえ》」が理《ことわり》の始《はじ》まり—

2011年7月6日　第1刷発行

著　者 —— 沓石《くついし》 卓太《たくた》

発行者 —— 佐藤 聡

発行所 —— 株式会社 郁朋社《いくほうしや》

〒101-0061　東京都千代田区三崎町 2-20-4

電　話　03（3234）8923（代表）

ＦＡＸ　03（3234）3948

振　替　00160-5-100328

印刷・製本 —— 壮光舎印刷株式会社

装　丁 —— 根本 比奈子

落丁、乱丁本はお取り替え致します。

郁朋社ホームページアドレス　http://www.ikuhousha.com

この本に関するご意見・ご感想をメールでお寄せいただく際は、

comment@ikuhousha.com までお願い致します。

ISBN978-4-87302-502-5 C0036